华石商

企哲学

书系题字 | 吴寿良
广东省书画家协会副主席
广东书画研究会副会长

HUAWEI

以客户为中心，以奋斗者为本，长期坚持艰苦奋斗。这就是华为超越竞争对手的全部秘密，这就是华为由胜利走向更大胜利的"三个根本保障"。

——任正非

华为商业哲学书系 5

程东升 徐晓良 段传敏 | 联合主编

HUAWEI
BUSINESS PHILOSOPHY

程东升 ◎ 编著

回归常识

任正非战略思维

中国经济出版社
CHINA ECONOMIC PUBLISHING HOUSE

北京

图书在版编目（CIP）数据

回归常识 / 程东升编著. -- 北京：中国经济出版社，2024.1

（商业哲学书系）

ISBN 978-7-5136-7520-8

Ⅰ.①回… Ⅱ.①程… Ⅲ.①企业管理-经验-中国 Ⅳ.① F279.23

中国国家版本馆 CIP 数据核字（2023）第 194004 号

策划编辑	崔姜薇
责任编辑	贾轶杰
责任印制	马小宾
封面设计	久品轩
本书插画	王晓晴　关振旋

出版发行	中国经济出版社
印 刷 者	北京富泰印刷有限责任公司
经 销 者	各地新华书店
开　　本	710mm×1000mm　1/16
插页印张	1.25
印　　张	15.25
字　　数	182 千字
版　　次	2024 年 1 月第 1 版
印　　次	2024 年 1 月第 1 次
定　　价	78.00 元

广告经营许可证　京西工商广字第 8179 号

中国经济出版社 网址 www.economyph.com 社址 北京市东城区安定门外大街 58 号 邮编 100011
本版图书如存在印装质量问题，请与本社销售中心联系调换（联系电话：010-57512564）

版权所有　盗版必究（举报电话：010-57512600）
国家版权局反盗版举报中心（举报电话：12390）　服务热线：010-57512564

华为"商业哲学书系"主编简介

程东升

知名财经作家,华为研究专家,广州市博研慈善促进会理事,法国克莱蒙商学院工商管理博士(在读),已出版《华为真相》《华为三十年》《任正非管理日志》等多部畅销书。多家大型企业战略与品牌顾问,曾协助多家企业打造"奋斗者团队"。

徐晓良

博研教育创始人、董事长,博研商学院院长,全球博研同学会理事长,广东省工商联执委,广东省山东青岛商会会长,中国科学院科创型企业家培育计划发起人,国家文化科技创新服务联盟主任。曾任中山大学 EMBA 中心主任。

段传敏

战略营销观察家,财经作家,高端中国营销创新联盟执行主席。CCTV《大国品牌》栏目顾问,喜临门、华耐家居等企业战略营销顾问。

各界知名人士盛赞推荐

知名学者

郑晓明
清华大学经济管理学院领导力与组织管理系长聘教授（终身正教授）、博士生导师，中国工商管理案例中心主任

祝贺东升及团队策划、编写的华为"商业哲学书系"出版！相信这套书对中国企业界意义重大。

理查德·索帕诺（Richard Soparnot）
法国克莱蒙商学院校长

作为一名战略管理学教授，我在遥远的法国早已听说来自中国的华为公司及其创始人任正非先生。以华为公司为代表的中国公司已经崛起，并正在影响着世界产业格局。
这套书将给我在法国乃至世界研究包括华为在内的企业的战略管理提供重要资料。

周建波
北京大学经济学院经济史系主任、教授

华为商业哲学及其成功实践是广大中国企业家学习的绝佳内容，相信本书系会对中国企业家具有一定的借鉴价值。

刘善仕

华南理工大学工商学院教授，广东省人才开发与管理研究会会长

商业哲学需要平衡商业组织的终极目标：商业利益与社会责任。"利"可以让企业走得快，"义"可以让企业走得远，华为在平衡"利"和"义"的过程中，走出了一条有中国特色的道路。

杨思卓

联合国可持续发展贡献奖获得者、中商国际管理研究院院长，博士生导师

商海航行，需要商业哲学的灯塔。
我与任正非先生只有一次当面谈话，一直对他钦佩有加。他的管理思想、领导艺术和商业哲学都是值得总结和提炼的金矿。华为"商业哲学书系"的出版，是做了一件有难度，更有价值的好事，可以说，弥补了中国当代商业哲学的空白。

邹广文

清华大学教授，中国辩证唯物主义研究会副会长

本书系统梳理了中国优秀企业家任正非的商业管理思想，对于提升中国企业对世界的影响力、生动展示当代中国改革开放的巨大成就，必将起到积极的作用。

苏德超
武汉大学哲学系教授

华为是一家让人肃然起敬的企业，任正非是一位让人肃然起敬的企业家。华为哲学倡导的核心价值观——服务客户、相信奋斗、着眼长远、自我批判，不但是成功的企业经营之道，稍加变通，也是成熟的为人处世之道。学习华为是时代的期许，开卷有益是读者的期望。

晋琳琳
广东工业大学管理学院

相信本书系是打开任正非所领导的华为成功之道的一把金钥匙。

任巍
广东财经大学教授，工商管理学院前院长，人力资源学院前执行院长

华为"商业哲学书系"的出版，是一项具有创新性的工作。华为具有非常多值得学习和研究的地方，用几个词概括就是：自主创新、艰苦奋斗；责任担当，不惧挑战；不忘初心，雄才大略。

知名企业家

范厚华
深圳传世智慧科技有限公司创始人、总裁，华为前海外区域副总裁

我在华为任职17年，从一线销售人员到代表处代表，到海外区域副总裁，见证了华为的迅速崛起及其取得的辉煌成就。很多专业人士试图探究华为成功的原因，我认为本源就在于任正非先生的管理哲学思想。相信读者在华为"商业哲学书系"的加持下，一定能在企业治理之路上突破认知、扩大格局，带领企业走向巅峰。

田和喜
广州道成咨询集团创始人，阿米巴经营本土化奠基人、权威专家

华为"商业哲学书系"是东升兄及其团队研究华为20余年的心血之作，大家先读厚，再读薄，结合自身商业实战，回归原点，定能取到真经；相信华为商业哲学，定能助力更多优秀中国企业走向世界。

殷祖碧
铸源集团营销副总裁、有趣世界龙焱系统创始人、湖北军昊文旅发展集团董事长

程老师及其团队耗时四年多创作的这套书，系统总结了华为的底层逻辑、价值观和方法论。在我看来，这是学习华为的非常好、非常系统的工具。华为商业哲学具有一定的普适性，可以为很多中国企业学习。

盛华强
中国户外知名品牌探路者创始人

对于任正非的研究不应当停留在企业管理层面，而应当看到支撑他成就世界级卓越企业背后的宏阔世界观、基于人类整体的价值观，以及对人性深刻洞察的哲学。

今天，在全球经济放缓的背景之下，全方位挖掘、理解华为商业哲学，对个人和中国社会的发展都具有非常重要的现实意义。

吴振山
创信国际控股集团公司董事会主席

这套书不仅有助于读者解读华为的成功密码，而且可以帮助以华为为标杆的企业进行更精确的对标。

任旭阳
真知资本（Verity Ventures）创始人、董事长，百度公司首席顾问

长期成功的企业都有一套独特的商业哲学。作为具有全球影响力的中国公司，华为的成功源于创始人任正非卓尔不凡的商业思想和经营哲学，以及对其的长期实践、坚持和不断进化，这构成了独特的华为文化和管理模式。研究、总结和学习华为商业哲学对中国企业界和管理学界都具有非常重要的意义。

姚吉庆

慕思健康睡眠股份有限公司副董事长、总裁

本书系的研究方法很独特，用了时下流行的萃取技术；研究角度也很独特，回答了企业界比较关注的问题：学华为应该学什么？华为的成功能不能复制？如何复制？华为成功的本质是任正非的经营哲学及华为的组织能力建设。本书所萃取的哲学思想、观点和方法论对中国企业有重要的借鉴价值和指导意义。

许临峰

首任华为终端2C营销变革项目负责人、区域首席营销官，华珞咨询创始人&CEO

2022年8月24日，任正非在华为心声社区发布了一篇文章，强调活下来将作为公司的主要纲领，华为进入新一轮冬天。为什么会有这样的判断和思考？从东升及其同事策划、主编的这套书中可以学习任正非的世界观和方法论。

楼仲平

双童创业共享平台创始人，《鸡毛飞上天》原型人物之一，全球吸管行业冠军

在我30年制造业经营实践中，华为在管理上对我的影响几乎是天花板般的存在，任正非的胸怀与格局，以及华为哲学所倡导的奋斗者精神、认识自我的观念、向死而生的危机观、科学管理和绩效、用人哲学、分钱和分权的智慧等，都持续影响我将学习成果转化成行动力量，推动我经营的"双童"企业穿越一个个经济周期，从而保持快速成长。

赖建雄
流行美时尚商业机构创始人

华为"商业哲学书系"全面总结梳理了任正非在华为成长和发展过程中的思考、经验和智慧，内容涵盖任正非先生在华为企业管理、战略规划、团队建设等方面的底层逻辑。无论是想了解华为成功的秘诀，还是希望锤炼自己的商业领袖能力，都可以从这套书获益良多。

李志林
简一集团董事长

基业长青是每一位企业家的梦想，企业的长盛不衰源于企业家思想和企业文化。华为"商业哲学书系"全面系统地梳理了任正非的世界观、战略观、管理观、学习观，并从商业的底层逻辑详细解析了任正非的商业哲学、领导哲学，使读者从更高的层面理解商业的本质。

朱岩梅
华大基因集团执行副总裁

如任正非所言，"华为的核心优势，不是技术、资金和人才，而是对技术、资金和人才的管理。"学习华为是中国管理者的必修课。华为30多年的发展历程覆盖了MBA课程的所有模块，读者如能钻深学透、活学活用这套书的管理理念和经营哲学，就会是个货真价实、接地气的MBA。

王兵
索菲亚家居集团总裁

华为是一家了不起的企业，华为的任总更是当代杰出的企业家代表。

任总的商业哲学指引着华为披荆斩棘，一路生花。对于处于创业阶段、上升阶段的企业管理者，以及正在力挽狂澜的企业管理者、经营者来说，任总的商业哲学是弥足珍贵的财富，具有非常强的学习和借鉴意义。

吴铭斌
连续创业者、终身学习者，美誉集团联合创始人，广东满纷信息科技有限公司总经理

美誉集团距离华为松山湖基地不算很远，我们一直在学习华为。但我们对华为的了解非常有限，对任正非的经营管理智慧、商业哲学了解得更少。华为"商业哲学书系"对我们学习华为和任正非的商业哲学非常有意义，我们将向更多客户推荐这套书及相应课程。

秦烜
广州从都国际庄园高尔夫球汇总经理

华为"商业哲学书系"对提升企业家和管理者的认知，悟透商业逻辑和经营管理中的道，可以起到积极的引路和启明作用，极力推荐。

谢振东

广州市公共交通集团有限公司大数据总监，广州羊城通有限公司董事长

企业是一个活体，它有灵魂、有思想、有精神，需要激励、运营、创新、营销等机制持续激发活力，如何激发呢？这套书给了攻略，学习任正非，复刻华为，创立下一个领军企业。

周晓曦

北京今圣梅家具制造有限公司董事长，北京蜂虎文化艺术有限公司董事长，中国女企业家协会副会长

期待华为"商业哲学书系"尽快与创业者、企业家见面，传经送宝，点石成金。期盼有更多像华为一样优秀的企业如雨后春笋般傲然屹立在世界东方的沃土上，为中华民族的伟大复兴贡献更大的力量。

施少斌

贝英资本创始人，王老吉原掌门人，珠江钢琴集团原董事长

对当代中国企业界的人来说，华为公司和创始人任正非先生都是学习的标杆。
华为"商业哲学书系"是很好的学习华为的工具，建议企业家细读细品，学以致用，做大自己的事业，成就任正非式的人生篇章。

知名教育家

张益铭
胜者教育董事长，中国素质教育专家，"胜者163教育模型"创立者

中国企业家是一个比较喜欢学习的群体，这是中国经济在改革开放以来异军崛起、取得杰出成就的重要原因。作为当代中国最优秀的企业之一，华为的成功与任正非的商业哲学直接相关。我相信，华为"商业哲学书系"会成为中国企业家未来若干年非常喜欢学习的著作。

李发海
益策教育创始人

"训战"是华为大学的一个显著标签，像打仗一样训练、像训练一样打仗。实施教育不是目的，而是为经营服务的战略手段，是锻造组织能力的重要抓手，华为大学案例对企业界有较大的借鉴意义。

柯银斌
察哈尔学会学术委员会副主任、高级研究员

中国企业之前多学习美国、日本企业的管理模式和企业文化，华为崛起后，已成为中国企业学习的标杆。华为"商业哲学书系"对任正非的商业哲学进行了全面梳理、总结，是学习华为很好的工具。点赞东升兄及其优秀的团队！

知名媒体人

王牧笛

中国知名媒体人，广东卫视《财经郎眼》制片人、主持人，功夫财经创始人兼CEO

华为的价值观、方法论、战略、创新、股权、产品、管理、营销、数字化，成了一个又一个商业样板和示范，而这一切都归因于商业哲学。
本书系对中国企业的成长、转型和进化是镜鉴，亦是弥足珍贵的思想财富。

邱恒明

财经作家，财经书评人

程东升研究华为及华为创始人任正非二十余年，他带领的团队创造性地总结并提炼出任正非"商业哲学体系"，是中国商业创作领域的里程碑事件，为现代东方管理智慧划定了一条标尺，必将引起关注和讨论。

张凤安

艾利艾智库董事、总经理

程东升是华为研究知名专家，他与团队跟踪华为二十多年，此番特别推出华为"商业哲学书系"，给所有试图解读华为、学习华为的企业家、学者提供了迄今最完整、全面的"华为真相"。华为的精神谱系是一部中国企业史、中国企业家精神史和中国企业家心灵史。

姚军
中流会"向华为学习俱乐部"创始人

相信研究华为多年的东升兄主编的这套书会为人们认识华为提供一个全面且有独特价值的视角。

封底美术作品作者

王晓晴,中国美术家协会会员,中国工笔画协会会员,中国古琴协会会员,广东省美术家协会会员。

封面肖像画作者

关振旋,广东佛山人,生于1940年,毕业于佛山艺专油画专业,善画人物,曾创作多本连环画,晚年以肖像画及情景速写闻名,将几万张手稿捐赠给家乡美术馆收藏。

本书系编撰团队

首席顾问：詹 敏　　特约编辑：石北燕　　资源整合：王海宁　　主编助理：程美琳

特别鸣谢

企业界友人：

王纪伟	刘志清	殷祖碧	屈晓春	王群英	周素梅	李 根	王春燕	邓秀华	苏晓平
梅鹏飞	马 娅	严 勇	梅昌财	陈鑫磊	张正勤	余荣军	马 腾	王 静	张向东
陈玉劼	穆兆曦	黄家庆	曹书涵	邓智君	严佑春	黎邦其	汤敏超	万玉华	许开京
马本湘	马苏格	周巧璋	赖建雄	於凌燕	吴天真	周维升	孙大勇	孙鹏博	孟大伟
黄 刚	安 强	尹青胜	张 华	廖学锋	徐 恺	徐瑞明	戚伟川	晁莉红	旷晓玲
曾繁华	朱 明	李吉兴	李宗兴	李红伟	林翔辉	江明强	游 沙	潘少宝	刘冬梅
王东才	王耀民	程依春	郑孙满	肖万俊	肖金文	胡 勇	谢嘉生	贺 勤	刘继敏
毛志刚									

博研教育领导团队：

欧阳清　博研教育总裁、广州市海珠区人大代表、民进广东省委会青工委秘书长
吴天昊　全球博研同学会秘书长，科创联盟发起人
顾国强　博研教育 CFO 兼首席法务官
雷 安　博研教育首席营销官
张川燕　博研教育商学院院长
毛望仁　博研教育金哲院联席院长
刘 画　博研教育金融学院院长
唐玉婵　博研教育金哲学院副院长
陈 洁　博研教育金融学院副院长
赖凤燕　博研教育历史学院执行院长
陈乐雄　博研教育国际学院副院长
冯平平　博研教育法国克莱蒙 MIB/DBA 项目主任
陈彦妤　全球博研同学会副秘书长
李 文　博研教育集团事业部主任
宋小英　博研教育产业创新项目主任
张荣兰　博研教育校友资源部总经理
田 磊　博研教育佛山分院执行院长

博研教育金哲 11 班同学：

陈建名	陈锦全	秦 烜	卢建彤	李庆嘉	陈宣儒	邓辉明	李连燕	郭恩凝	黄定文
刘隽瑜	刘鸿兴	刘 萍	罗 林	陶祺楩	温思婷	文美兰	徐怀石	燕 东	朱华英
陈伟添	许宏生	黄大成	卢海华	张青云	何 理	王牧笛	管晓蕾	刘 翔	廖 健
梁文蓓	张俊峰	何晓娟	张 梅	张春玲	晏 晨	谢振荣	詹惠红	周 斌	余少菜
赵天宇	黄惠敏	周立峰	王 方	夏艳娟	彭 琼	李东梅	冼丹丹		

法国克莱蒙商学院博士班同学：

张 健	宣典祥	毛小毛	朱红兰	廖春樱	陈 耕	李家丽	彭 琼	李卓洁	王 伟
周立峰	廖成伟	陈锐涛	左光申	陈锦全	李东梅	李小华	凌晓萍	卢建彤	冯华山
张 玫	金代荣	张金海	李东坤	王 玲	何晓娟	杨莉丽	刘汝华	张俊峰	

华为 商业哲学书系

推荐序一 ▶ FOREWORD I

读懂任总才能读懂华为
学习领先者成为领先者

范厚华 / 文

歌德曾说过:"同时代的伟大人物可比于空中的巨星。当他们在地平线上出现的时候,我们的眼便不禁向他们瞻望。如果我们有幸能分享这种完美的品质,我们便感到鼓舞和受到陶冶。"

当今企业界,人们为什么学华为?

在世人眼里,华为曾经和它的创始人任正非先生一样,充满神秘感,很少有人能说清楚它是如何在短短30多年,从一家立足深圳经济特区、创业资本只有21000元人民币的民营企业,稳健成长为年销售额近万亿元人民币的卓越的民族企业的。华为的迅速崛起及其取得的辉煌成就为业界瞩目,它在很多方面,尤其是企业管理方面,对整个产业乃至中国企业产生了深远影响。很多专业人士都试图从企业管理的各个层面探究华为成功的原因，那么，华为是如何对近20万人的庞大组织进行科学的管理，并卓有成效呢？

本源就在于任正非先生的商业哲学思想。

任正非先生说过："一个管理者到底以什么样的思想来治理企业，我认为这是一个企业首要且最大的管理命题！"

我在华为任职17年，从一名一线销售人员到代表处代表，再到海外区域副总裁，见证了华为从国内市场到全球领先的不断壮大的历程。要说我体会最深的一点，是我刚进入华为的时候，第一次有幸读到任总的讲话纪要，任总看似平易近人、通俗易懂的话语，却深入浅出地表达出深奥的管理理念，给当时的我留下了深刻的印象，并对我后来的成长起到了指路明灯的作用。我相信任总的管理理念在每位华为人心中都刻下了深刻的烙印，甚至可以说，华为最后的胜出，就是任总管理理念普遍灌溉的结果！

任总先进的管理理念，以及对外部智慧的开放吸纳，对世界观、价值观、商业观的坚守，是华为能够专注于本业的核心，更是华为能团结全球最优秀的人才、不断壮大成长的秘诀。

企业家都需要面对一个问题：企业存在的意义和本质是什么？我们究竟帮助客户创造哪些价值？为社会解决什么问题？套路、章法、打法再熟练，也只是价值传递的管道；若顶层思想偏离了企业存在的本质，就直接导致行为偏差，最终使结果产生巨大偏差。

我作为"以客户为中心"的企业管理实践者，6年来指导多家上市企业学习任正非先生的管理理念，解读华为的先进管理体系。企业家们在深入理解的基础上，结合企业自身实际，建立和践行了自己的"以客户为中心"的管理体系。我们先后服务了歌尔股份、汇川技术、西子洁能、顺络电子、中控技术等企业。企业家们以他们强大的领导力,锐意变革,坚守长期主义,几年下来,这些企业都取得了非常优异的经营成绩,走上了高质量可持续发展之路。

这套书对任正非的商业哲学进行了全面系统的梳理,从管理思想到业务策略,从管理哲学到规则体系,从世界观、方法论、领导力哲学等方面,深度解读任正非先生的商业思想内核,揭开华为30多年来持续壮大、不断腾飞的本源动力。这套书凝聚了东升兄及其团队研究华为20余年的心血,极具思想性、先进性和启迪性,我相信会给企业家及广大读者带来独特价值。

读懂任总,才能读懂华为;学习领先者,才能成为领先者!

相信读者在东升兄及其团队的心血之作的加持下,勤加实践和体悟,一定能在企业治理之路上突破认知、扩大格局,带领企业走向巅峰!

范厚华

2023 年 9 月

(范厚华 深圳传世智慧科技有限公司创始人、总裁,华为前海外区域副总裁)

华为 商业哲学书系

推荐序二 ▶ FOREWORD II

利他和长期主义的力量
弘扬家国情怀

殷祖碧 / 文

任正非是我最敬佩的中国企业家之一。这不仅仅是源于我有过从军经历，任正非早年也在部队，且一度成为了技术能手、学习标兵。部队的历练为任正非后来创建华为打下了坚实的基础。可以说，华为能有今天的成就，与任总早年在部队的历练密不可分。我后来也脱下军装开始做生意。很多人都知道，刚开始我创建的公司规模虽小，但也是在服务我们的国家基层民众，从这一点来说，我们与华为的初衷是一致的。

我敬佩任总的另一个重要原因是，42岁开始创业的任总打造了让全世界瞩目的伟大的企业。华为的成功，其核心就是任总在华为实施的完整的闭环商业逻辑，沉淀的深刻的商业哲学，无论从自主研发到市场营销，还是内部全员持股分红，都是让常人难以想象的管理智慧与最早的内部均富思想的落地。

通过子旭科技总裁、香港大国医道智慧国医董事长，也是我们的会员企业主詹敏的介绍，我认识了我国知名财经作家程东升老师。程老师持续研究华为，从2003年出版第一本有关华为的畅销书《华为真相》，到2023年刚好20年。20年来，程东升及其团队策划了系列有关华为的图书及课程，为总结中国企业的管理经验做出了一定的贡献。程东升老师的专注力、专业度同样让我们敬佩。

程老师及其团队耗时四年多创作的华为"商业哲学书系"，系统总结了华为取得巨大成功的底层逻辑、价值观、方法论。在我看来，这是学习华为的非常好的系统工具。

我认为，华为商业哲学具有一定的普适性，可以为很多中国企业学习。创建公司以来，我们一直在学习华为的管理模式，引入了华为的利他主义、长期主义、诚信为王等思想。

华为有一个理念是"以客户为中心"，长期坚持艰苦奋斗。华为从之前的交换机产品到现在的手机，到各种智能产品，秉承的都是这样的理念。世界公认的国际质量管理体系ISO八大原则之首就是"以顾客为关注焦点"，处处落实到细节中，这是一个伟大的理念。

我们从永倍达到2023年下半年推出的全新的互联网平台"有趣世界"，定位始终如一——做中国领先的民族电商平台。我们充分分析了国家当前的市场需求和社会环境，致力于通过打造自主品牌，利用自主知识产权，实实在在地帮助企业，更好地满足"人民群众对美好生活的向往"。

我们认识到,消费者既是消费者,同时也应该是企业的投资人,在享有产品的使用权之外,还应该拥有企业的分红权。但是,在传统商业理念的零售模式中,消费者仅仅是产品的消费者,企业的发展壮大、取得的利润,基本与消费者无关,尤其是在还没有上市的时候,企业内部存在一个封闭的利润分配机制,消费者只是利润贡献者,难以分享企业的利润。即使上市了,企业也只是开放了一部分利润分配权给社会上的投资人,而非全体消费者。正是从消费者(客户)的这个需求出发,我们创建了"永倍达·有趣世界",我们的目标是让越来越多的消费者成为企业利润共享者。在这一点上,我们本质上是在学习华为"以客户为中心"的服务意识。

在运营中,我们学习了华为人艰苦奋斗、不畏艰险、迎难而上的精神。我在创业过程中,也遇到了几乎是同样不可想象的各种困难,甚至面对过巨大的质疑,但我们从没有退却过,从没有停步过,从没动摇过我们的信念,从没辜负过对千千万万会员的承诺,我们坚信我们从事的是如华为一样伟大的事业。

尽管我们过去取得了一定的成绩,在2023年8月15日推出全新的互联网平台——"有趣世界"之后,我还是要求团队成员具备"归零心态",忘记过去的所有成绩,一切从头开始。我们一直牢记华为倡导的"过去的辉煌不是未来成功的可靠保障"。

华为还有一点非常值得学习的,是强烈的家国情怀。孟晚舟女士被滞留在加拿大长达数年,有着强烈使命感的华为人的家国情怀日月可鉴!

在千千万万的事业伙伴的共同努力下,我们也像华为一样,以强烈的家国情怀,与全国近400个县市成功合作惠美乡村项目,帮助亿万村民直接销售农产品;我们还积极参与乡村振兴基金的建设,为惠美乡村的永续发展做出重要贡献。我们会继续不忘初心助力中国乡村经济的振兴事业,还会通过各种方式服务社会、回馈大众,永怀家国情怀。

华为商业哲学的内涵非常丰富,我们只领会了其中一部分内容,还没有学到家。这套书是非常好的学习工具,我们愿意与更多企业家、伙伴们一起持续学习、共同进步,创造属于我们的美好未来。

2023 年 9 月

(殷祖碧 铸源集团营销副总裁,有趣世界龙焱系统创始人,湖北军昊文旅发展集团董事长)

推荐序三 ▶ FOREWORD III

企业家要学点哲学

徐晓良 / 文

博研教育起源于2009年创办的中山大学管理哲学博士课程研修班，与很多以实用为导向的企业家培训班不同，博研教育一开始就走的是"无用之用"的道路，以"哲学"为基础课程，以"哲学"为思考的出发点和归宿。因此，博研教育的很多课程，尤其是面向企业家、企业高层的金融哲学产业创新班课程（简称金哲班），商业哲学是必修课。

博研之所以采用这样的课程设置，是因为我们觉得企业家到了一定的阶段，必然需要进行哲学思考，必然会从哲学的高度考虑问题，具备哲学思维的企业家，才容易在纷繁复杂的商业市场中，看清商业的本质，掌握企业的核心。事实也正是这样，比如华为创始人任正非先生，其经营管理理念就充满了哲学思考，有大量的思辨话题。

比如任正非提出"华为没有成功，只有成长"，按照我的粗浅理解，这句话充满了哲学意味，至少有两层含义。

第一，"成功"没有什么统一的标准。或许在很多人眼里，华为已经非常"成功"，比如2019年的营收一度达到了将近9000亿元、利润达到了600多亿元；华为多年前就超越了曾经的行业第一思科、第二美电贝尔等众多巨头，成为全球ICT领域的领军企业；华为在ICT领域的多项技术跃居世界第一……从市场表现来看，华为的确算是非常"成功"，这是普遍意义上、普通人眼里的成功。但在任正非看来，这都不算什么，或许他心里有更高更远大的目标，华为还远远没有达到他的期望。

第二，华为的成功永远只是暂时的、阶段性的，华为根本没有"成功"的概念。这当然是任正非对于华为取得成就的一种自谦，但如果从哲学的角度分析，任正非说的也确为事实。天下没有任何一家企业能够一直成功，甚至都没有永远存在的企业。任何企业都是有一定的生命周期的，华为也一样，最终会有消亡的一天。所以，任正非说，华为人的任务之一就是推迟华为死亡的时间。

因此，任正非从来不说要做百年企业，而是经常提醒华为人"华为距离破产只有21天"。

这套书从哲学的高度对任正非先生的经营管理理念进行了相对全面的梳理、剖析，大家可以通过这套书系统地学习任正非先生的商业哲学。

任正非先生非但在华为的经营管理实践中不自觉地进行哲学思辨，还非常明确地要求华为的高层要学点哲学、懂点哲学。

显然，任正非先生就是一位商业哲学的思考者、践行者。

任正非先生给中国企业家树立了一个很好的标杆。

亚里士多德曾说过："哲学智慧产生于人类的实践活动。科学需要哲学，商业也需要哲学。"在当下这个关键节点，企业家需要重新对世界发起追问和思考。

博研的课程设置以哲学为基础，在一开始的时候，我的很多朋友都担心这样的"务虚"课程，很难得到企业家，尤其是华南企业家的认可。在很多人的印象里，华南地区的企业家是低调务实、讲究实战，甚至是奉行实用主义的。但博研这么多年的经验证明，华南的企业家非常喜欢哲学，博研的"金哲班"课程受到了广大企业家的喜爱。目前，金哲班课程已经开设到了第12个班，有数千名企业家学习了这一课程。

经过多年的发展，博研同学会已形成拥有2万企业家学员、20万企业家会员，影响力覆盖超过100万华南高端人群，并具有全国影响力的学习型社群。

这充分证明，华南企业家不但非常务实地低头拉车，还时常抬头仰望星空、进行深度思考。这是一群非常好学、思辨性很强、实践能力很强的可爱的企业家。

近年，博研开始尝试走出华南，去全国更多城市服务当地的企业家。我们希望全国各地的企业家都能参与商业哲学的课程学习。

我们将持续开设商业哲学课程

叔本华说："哲学就像艺术和诗，必须在对世界的知觉把握中去寻找自身的源泉。"

黑格尔说："哲学应当从困惑中开始。"

这是博研创立的初衷，也是程东升先生研究华为商业哲学的初衷。

程东升先生及其团队一直研究华为和任正非先生的经营管理理念，先后策划、创作、出版有《华为真相》《华为经营管理智慧》《任正非管理日志》《华为三十年》等众多华为题材的畅销书，在市场上产生了相当大的影响。其中，《华为真相》第一版出版于2003年左右，是国内最早出版的关于华为的专著之一，可见程东升先生及其团队对华为关注之早、研究持续时间之长、专业程度之高。

我在与程东升先生交流的时候，他经常自谦地说，上述图书的畅销，并非他们团队努力的结果，而是华为的成功实践产生的联动效应，是任正非先生系统而完整的经营管理理念在中外企业界的重大影响带来的。

几年前，程东升先生及其团队开始策划、创作华为"商业哲学书系"，从哲学视角梳理任正非先生的经营管理理念。其团队中有前世界500强企业的CEO，有中国企业界的资深企业教练，也有国内外著名商学院的知名学者。这是一个实力雄厚、理论与实践经验都非常丰富的团队。

基于大家对商业哲学，尤其是华为商业哲学的高度认同，博研教育与程东升先生的团队共同策划、出版了这套书。我们将会把这套书作为博研教育的教材，供广大企业家学习。

弗兰西斯·培根说："读书不是为了雄辩和驳斥，也不是为了轻信和盲从，而是为了思考和权衡。"

企业家来博研学习，除了知识的更新外，还可以提升思辨能力，学会思考和权衡。

这套书的出版只是工作的开始，未来，我们每年都会推出类似的出版物。我们还与程东升先生及其团队开发了针对企业家的商业哲学课程体系，内容包括中西方哲学流派的演变、任正非商业哲学认知以及他在华为的实践；这门课程既包含哲学素养的普及知识，又有哲学在商业中的实践经验，企业家在学习过程中既动脑又动手，既务虚又务实，非常适合提升企业家的认知能力和实践能力。

我一直认为，做企业需要使命引领、哲学护航、战略创新、机制保障。在这一框架下，企业成员可以逐步实现"同类相依"，朝着同一个目标前行。

我相信华为"商业哲学书系"的内容会不断完善、课程体系会不断优化，不但为博研教育的企业家学员赋能，还可以给全国乃至世界更多国家和地区的企业家赋能。

2023 年 9 月

（徐晓良　博研教育创始人、董事长，博研商学院院长，全球博研同学会理事长，广东省工商联执委、广东省山东青岛商会会长、中国科学院科创型企业家培育计划发起人，国家文化科技创新服务联盟主任。曾任中山大学 EMBA 中心主任）

华为 商业哲学书系

推荐序四 ▶ FOREWORD IV

回归原点读任正非的商业哲学

田和喜/文

我们所处的世界,既简单,又复杂。看华为,想必也适用。"一听就懂、一做就蒙"已然成为中国企业学习华为的窘境所在。

因为咨询服务的需要,我开始研究华为。

任正非曾说:"华为生存下来的唯一措施,是要向最优秀的人学习。"2012年,我有幸成为国内唯一受邀到华为分享阿米巴经营原理与实战的咨询顾问,从此我与华为结缘,进而了解任正非先生和华为的成长历程,并开始探寻华为的成功之源。

一、华为的"真经"源于任正非的商业哲学

企业经营是一门科学,也是一门艺术。华为是任正非遵循科学规律带领全员创作出的"艺术品"。因此,企业家个人的商业哲学,

是一家企业持续成功的根基。世界上没有两位相同的企业家，自然也不存在两家相同的企业。

华为成功源于任正非的商业思想。

第一，一把手胸怀天下与战略定力。

优秀是一种思维习惯，志存高远才会有超前的战略眼光。任正非在1994年就洞察到通信行业未来的市场竞争格局，想要生存就必须"三分天下有其一"，从而保持高度聚焦的战略定力，提前布局未来，华为才有了今天的底气。

2019年5月5日，美国政府宣布制裁华为。随后华为公开发文称："我们早已做好准备！"华为十多年前在"云淡风轻的季节"已经作出过"极限生存的假设"，随着何庭波的一份声明让世界震惊——所有我们曾经打造的"备胎"，一夜之间全部转"正"。

想要活下去，必须未雨绸缪。最具风险的事情，就是对未来不采取任何行动。

第二，以客户为中心与有效的市场策略。

企业想要持续发展，"以客户为中心"只是基本条件，还必须采取精准的市场策略。做通信业务时，任正非向毛主席学习"农村包围城市"的打法，选择差异化的产品定位和高性价比路线，从中低端市场入手，在夹缝中生存，奔赴海外做跨国巨头们看不上的边缘市场。

华为2003年就成立了终端公司，为运营商定制开发了100多款手机，由于只关注了运营商需求，没有把目标瞄准最终购买和使用手机的消费者，这100多款手机未受到消费者喜爱，业务发展缓慢。直到2011年，华为终于明确"终端竞争力的起点和终点，都源自消费者"后，终端业务才走上了快速发展的道路。

想要活下去，必须先瞄准客户，想要发展，必须走与众不同的路。

第三，以奋斗者为本与倒逼经营体制。

成功是奋斗出来的，成长是倒逼出来的；没有持续的成长，哪来持续的成功。任正非从自己的人生经历中深刻体会到，个人成长是因原生家庭境况所逼，企业成长源于市场竞争的生死压迫。华为设置的事业部、责任中心制与当年松下事业部制如出一辙，培养了大量管理人才。

2009年1月，任正非在华为销服体系奋斗颁奖大会上，发表演讲《让听得见炮声的人来决策》，结合华为当时组织变革背景，"让听得见炮声的人来决策"从此开始流行。我后来看到这篇文章，才注意到华为向日本企业学习已久，这也是为什么华为邀请我分享"阿米巴经营模式"原理、原则与实践的原因。

活下去，必须把寒气传递给每一个人，要发展必须全员奋斗，这就是全员经营的倒逼体制。

第四，长期艰苦奋斗与价值分配体系。

价值分配体系要向奋斗者、贡献者倾斜。任正非围绕"创造价值、评估价值、分配价值"设计出一套科学的激励体系，吸引着全世界的人才。从"高层要有使命感，中层要有责任感，基层要有饥饿感"的激励方针来看，任正非早把人心的需求看穿，把人性的弱点看透，讲着鼓舞士气的话，公平公正地分钱，牵引着人心向前。

学习任正非，经常会遇到一个偏执的问题："老板，您学习华为管理之前，能先做到像任总那样把99%的股份分给大家吗？"激励的学问，不只在于分钱，也不是一定要把绝大部分股份分出去，而是学会在公司不同的发展阶段，根据战略需要，不断实现新的利益再平衡，让蛋糕越做越大，能力越分越强，钱越分越多，也越分越长久。

活下去，除了会分钱，同时还要会分责、分权、分名、分利，更要会分享经营的痛苦与胜利的喜悦。

第五，永远冲锋在前与不断突破自我。

"我若贪生怕死，何以让你们去英勇奋斗，华为强大的核心在于其干部管理体系。技术骨干出身的任正非，深知技术对于企业的重要性；但他更加明白，企业要实现技术上的持续领先，必须在经营管理能力上持续领先。任正非提出："所有企业都是管理第一，技术第二。没有一流管理，领先的技术就会退化；有一流的管理，即使技术二流，企业也会进步。"

任正非要求自己放下技术走向管理，并带领干部团队一起从技术走向管理；华为要用优秀的人培养更优秀的人。

活下去，革自己的命最难，但任正非义无反顾地做了。

第六，回归原点思维与战略集成经营。

回归原点，是松下幸之助和稻盛和夫的观点，也是我在日本住友学习"《论语》加算盘"经营实学之战略集成经营的第一课。

华为很复杂,华为一年几千亿元的营业额,业务遍及全球170多个国家和地区;近20万员工,组织十分庞大,经营管理体系、工具十分复杂。如照搬其方法论,大部分企业难以驾驭。

华为也很简单,华为和世界其他优秀企业一样,都始终坚守经营的原点,遵循朴素的经营原理和原则,所有业务管理的工具、方法、机制系统都是在此基础上生发出来的产物。华为将朴素的商业哲学与经营管理的各机能体系融会贯通,形成了高度的战略集成经营,这是华为庞大组织能够实现上下对齐、左右协同的根本原因。如果华为在经营原理和原则上是复杂的,那必然无法高效组织千军万马南征北战,展现出世界一流的竞争力。

任正非曾十分很谦虚地说:"我什么都不懂,只懂把华为的人'粘'起来,朝一个方向努力。"然而,他何止是把华为人"粘"在一起,也把外部的客户、科研机构、供应商、战略集成经营顾问、模块管理顾问等利益相关者全都紧紧地"粘"在一起,为了华为"把数字世界带入每个家庭、每个组织,构建万物互联的智能世界"的使命而奋斗。

活下去,任正非不断回归原点,不忘初心,牢记使命,永葆创业状态。

二、做不了任正非,但必须学任正非

经营管理本身也是一门支撑企业成功的核心技术,任正非作为商业智慧的集大成者,他为中国企业家提供了一个学习和对标世界一流经营水平的窗口，在世界范围内，我们能够找到的公开且信息丰富的商业案例屈指可数。而今，本套书就在我们面前。它讲述的不是成功学，而是每位企业家都可以学到的商业真经。

2023 年 9 月

（田和喜　广州道成咨询集团创始人，曾任世界 500 强住友化学经营部长，中国"理念＋算盘"自主经营开创者，阿米巴经营本土化奠基人、权威专家，中国 500 强战略集成经营顾问）

华为 商业哲学书系

书系总序 ▶ FOREWORD V

探究任正非的商业哲学

程东升 / 文

> 没有正确的假设，就没有正确的方向；
> 没有正确的方向，就没有正确的思想；
> 没有正确的思想，就没有正确的理论；
> 没有正确的理论，就不会有正确的战略。
> ——《任总在Fellow座谈会上的讲话》（2016）

任正非的这段话充满了哲学思考的味道——方向大致正确，来自企业家的思想正确；企业家的思想正确，来自对企业的正确认知；思想正确、正确认知来自企业家对事物本质的认识，企业家需要掌握哲学这个工具。

任正非认为，领导干部要学习哲学，提高认知水平，提升分析事物的能力，学好哲学才能做好工作。在华为的管理问题上，任正非多次提到"华为的管理哲学"。

华为所有的哲学就是以客户为中心，就是为客户创造价值。

任正非的这句话强调了以客户为中心在华为的重要性，这也是华为所有动作的出发点和归宿。

华为没有管理哲学，华为管理的核心就是四个字：实事求是。

任正非说华为没有管理哲学，或许也是一种事实——华为包括任正非自己并没有提出明确而系统的管理哲学体系，任正非只是在日常讲话中提及众多管理原则、思维模式，涉及大量认识论、方法论等。任正非更没有创立新的哲学理念，从学术的角度看，华为和任正非的确"没有哲学"。

但是，从实用主义、商业的角度看，任正非执掌华为30多年，带领20万人，将华为从一个小公司发展成为营收最高达8000多亿元、在行业内排名第一、众多技术领先世界的公司，没有一定的哲学认知、哲学高度，这样的成就是不可能实现的。因此，任正非说华为没有管理哲学，显然是他的一贯风格——自谦，但并非否认华为有独到的管理哲学。

实事求是本身就是一种哲学，实事求是才能自我批判。从西方哲学的角度看，实事求是的假设前提是承认一切商业原理、商业成功都只是暂时的，都可能是错误的。这种假设的本质就是哲学上的怀疑论。

在任正非看来，规律是可以被认识和尊重的，但是，并不意味着所有结果都符合规律。也就是说，即使你掌握了公司成功的规律，也并不意味着你总是可以成功；何况，你认识和掌握的不一定是真正的规律。

很多企业家在取得了初步成功之后，就忘乎所以，以为自己掌握了企业的规律、行业的规律，甚至掌握了成功的规律，企业还没有做多大，就开始多元化，看到一个项目挣钱就想介入。这其实是一种投机心态。

这样的企业家，往往将运气等同自己的能力，以为时代给他的机遇、好运，是他凭自己的能力得到的。他以为自己的成功是一种必然，其实不过是一种偶然。

我辞职创业以后，收入比之前在政府机构、公司都高。一些朋友说，看来你在原来的单位受限制了，能力没有发挥出来。我告诉他们，我自己的市场价格也就是每月四五万、每年几十万的收入。现在我的收入多了一些，并不代表我的能力强，只是我的运气稍微好一些，而且是当下的运气好了一些，也许过几年运气不好了，能力再强，也只能获得市场给的价码。当然，通过持续不断地学习，我们可以提升自己的能力，进而让市场给我们更高的定价；规避风险，进而少犯错误；积累更多人脉，进而让运气更好。

学习还有一个更重要的功能——让我们对自己的判断和能力保持怀疑，明白外界的不可知性，清楚学习的重要性——通过学习，可以逐步接近事物的真相、理解真相、掌握真相。

学习华为就是学习任正非的商业哲学

从1999年起,我们开始关注、研究华为,2003年出版《华为真相》。之后,我们一直在跟踪研究华为,到2023年,已经有24年的时间了。这24年中,华为从一家电信行业的小企业,成长为国际一流的IT与信息技术供应商、世界最大的电信设备制造商,在全球范围拥有很高的品牌知名度和影响力。

尽管任正非不承认华为已经取得了成功,在他看来,"华为没有成功,只有成长",但从行业地位、销售规模、市场占有率等指标来看,华为的确已经取得了阶段性成功,甚至可以说是取得了巨大成就。

华为的成功,与任正非的经营管理密不可分。从我们这24年对华为的观察来看,华为的成功就是任正非商业哲学实践的成功。任正非从华为具体的经营管理中,总结、提炼了一套独特的华为经营管理哲学,已经从一个企业家成长为一位商业哲学家。这也是很多著名企业家的成长路径——从企业家到教育家,再到商业思想家、商业哲学家。

早在2005年,我就在《华为经营管理智慧》一书中提出了"商业思想家"的概念,并提出,任正非算是中国少有的一位"商业思想家"。今天,我觉得用"商业哲学家"更为恰当。因为企业家到了一定的高度,必然会从哲学层面思考问题,探究问题的本质。企业家到了一定的高度,必然成为教育家、商业哲学家。

我们之所以将任正非定义为商业哲学家,是为了限定任正非哲学理念的范畴。任正非显然很难算是一个普遍意义上的哲学家，更非一位学术界的哲学家，但他的确有深厚的哲学修养、深刻的哲学认知及成功的商业实践。我们将任正非定义为"商业哲学家"，就是强调他在商业领域应用哲学、提炼哲学。

这些年来，研究华为与任正非管理理念的书越来越多，但从商业哲学的角度进行观察、分析的还比较少。我们策划这套书的初衷就是从更深层乃至商业哲学的视角解构任正非的管理理念。

这些年，尤其是近年来，很多企业，包括很多国有企业都在学习华为。我们认为，华为当然值得学习，华为也应该去学习。不过，学习华为有不同的层次，在企业家层面，尤其是有一定规模的企业，企业家学习华为其实就是学习任正非的商业哲学，就是学习任正非的底层逻辑、学习任正非的思考方法、学习任正非分析问题的路径……

其实，不仅国内的企业，国际上也有很多企业在研究华为。从一定意义上说，华为的管理理念已经成为中国企业影响世界企业界的重要因素。华为和任正非正在重塑中国企业和中国企业家在世界的地位和影响力。

我们希望这套书能够为各界学习、研究华为和任正非的管理理念提供一个新的视角。

企业界学习商业哲学的样本

读者们可能注意到了，本套书的联合主编有一位非常引人关注的人士——徐晓良先生，徐先生是博研教育（博研商学院）创始人、董事长，博研商学院院长。徐晓良先生及博研教育深度参与了本套书的内容策划、创作和运营。

我们之所以选择与徐晓良先生及博研教育合作，是因为博研教育一直在引导和鼓励企业家们学习哲学。在中国企业家培训市场，这是一个独特的存在。

博研教育起源于2009年创办的中山大学管理哲学博士课程研修班（简称"博研班"），在发展过程中融合了中山大学CEO总裁班、北京大学BMP商业模式班、明伦堂国学班、广州美术学院艺术研修班的课程内容，并与清华大学合作进一步完善了教学体系。

经过10年的砥砺前行，博研教育以其富有哲学智慧的人文课程、科学赋能的管理课程、与时俱进的金融投资及商业模式创新课程，跨行业的、创新性的教育实践，在华南地区的企业家学习园地独树一帜。博研教育坚持"培养商业思想者"的发展使命，"学习成就人生"的教育理念，"以文会友，以友辅仁"的教学方针，致力发展成为"中国高端人文教育第一品牌"。

博研同学会已形成拥有两万名企业家学员、二十万名企业家会员、影响力覆盖百万华南高端人群并具有全国影响力的学习型社群。

毫不夸张地说，在对中国企业家进行哲学启蒙、从哲学高度提升中国企业界整体认知水平方面，博研教育功不可没！

正是由于对博研教育的高度认可，我们邀请徐晓良先生和博研教育共同参与了本套书相关的工作。当然，按照我们与徐晓良先生和博研教育的共同规划，本套书的出版只是工作的开始，未来，我们每年都将推出类似的出版物。我们还与徐晓良先生和博研教育开发了针对企业家的商业哲学课程体系。徐晓良先生主要讲授"商业哲学"和"哲学漫谈",我和我的团队主要讲授"任正非商业哲学"。这些课程内容包括中西方哲学流派的演变、任正非商业哲学认知及在华为的实践,既有哲学素养的普及,又有哲学在商业中的实践,企业家在学习过程中既要动脑又要动手,既务虚又务实,有助于提升认知能力和实践能力。

基于对博研教育的认可,我本人也报名参与了博研教育的金融哲学班,以及博研教育与法国克莱蒙商学院合作的工商管理博士学位班的学习,当时这两门课程的学费是49.8万元。与华南其他民办企业家教育机构的课程相比,这个费用不算低,但与很多高校EMBA课程的收费相比,这个学费可谓非常实惠、性价比很高了。

在博研教育学习的过程中,我接触到了大量优质的企业家同学,既有创一代,也有大量创二代、创三代,这是一个充满活力、富有创造力的群体,大家的互动交流,尤其是线下交流非常多,我收获了很多友情,这是在其他很多教育机构无法实现的。就我本人而言,在博研教育学习非常超值。

我们在博研教育学习还有一点非常值得推崇——大家互为老师,相互赋能,比如,我在这里学习,同时讲授"任正非商业哲学";著名企业家、博研金融哲学班校友、芬尼科技联合创始人宗毅讲授"裂变式创业"的课程,等等。

基于上述学习模式,我相信这套华为"商业哲学"的内容会不断完善、课程体系也会不断优化,不但赋能给博研教育的企业家同学，还可以赋能给全国乃至世界更多国家和地区的企业家。

我们希望各位读者朋友也参与到这个项目中来，您的任何建议、意见，可以随时反馈给我们（助理联系方式：15013869070），在此表示诚挚感谢！

程东升
2023 年 9 月

目 录 ▶ CONTENTS

第一章　定位　　　　　　　　　| 001

第二章　研发　　　　　　　　　| 043

第三章　市场　　　　　　　　　| 077

第四章　销售　　　　　　　　　| 103

第五章　客户和客服　　　　　　| 119

第六章　业务发展轨迹　　　　　| 147

第七章　授权管理　　　　　　　| 177

第一章

定位

HUAWEI

01 坚定不移地坚持发展的方向

由于我们在通信领域已有良好的市场及开发资源，所以在近期，我们在产品范围上坚持做通信多元化产品。我们要继续坚持"压强原则"，即集中力量，在一个点、一个面上有重大突破，这样，逐步改善公司的总体条件。

——1995年1月9日　任正非在中央研究部干部就职仪式上的讲话《坚定不移地坚持发展的方向》

02 如果不够强大，就要被消灭

发展，就是要争夺市场。中国要发展，不仅要抢占国内市场，也需要抢占国际市场。国际市场本来就是别人的，如果我们不够强大，像华为这样的公司被消灭是极其容易的。

——1996年8月11日　任正非在市场部内部竞聘现场答辩会上的讲话

03 打好在中国的地位基础，才能走向世界

1997年、1998年我们要确立国内地位，21世纪初要确立国际地位。1997年、1998年我们在国内要尽快地走到最前面来，这要做出艰苦卓绝的努力。从研究开发、中间试验、制造、市场营销到企业管理各方面都要严密地配合起来，只有在20世纪末打好了在中国的地位基础，21世纪初我们才能真正走向世界。

——1996年12月28日　任正非在优秀员工报告会上的讲话

04 产品路标不是自己画的，而是来自客户

我们说，要以客户需求为导向，但是客户需求是什么呢？不知道，因为我们没有去调查，没有融进去。让我们看一个例子，波音公司在777客机上是成功的。波音在设计777时，不是自己先去设计一架飞机，而是把各大航空公司的采购主管纳入产品开发团队（PDT）中，由采购主管们讨论下一代飞机是怎样的，有什么需求、多少个座位，有什么设置，他们所有的思想就全部体现在设计中了。这就是产品路标，就是客户需求导向。产品路标不是自己画的，而是来自客户。

——2003年5月26日　任正非在PERB产品路标规划评审会议上的讲话

05 提高质量、做好服务、降低成本

我们要把质量提高、把服务做好，同时把成本降低。大家都认为成本低就是指料本低，其实成本的构成是方方面面的。每一个部门都

要冷静反思，我不赞成过度地降低成本，但是我也不接受不认真研究降低成本问题。

——2003年 任正非在华为研委会会议、市场三季度例会上的讲话

06 要提高产品质量的可靠性

"胜则举杯相庆，败则拼死相救"的市场原则，几年来感召了多少英雄儿女一批一批地上前线。几年的时光一晃就过去了，华为从一家小公司逐渐成为一家有实力的公司，更有机会向市场提供良好的服务，售后服务的成本也在降低。在当前市场外患内乱、不正当的竞争几乎把国内厂家逼到濒临破产的状况下，我们一定要坚持提升技术的先进性，不断提高产品质量的可靠性，建立及时良好的售后服务体系。在当前产品良莠不齐的情况下，我们承受了较大的价格压力，但我们真诚地为用户服务的心一定会感动"上帝"，一定会让"上帝"理解物有所值，逐步地缓解我们的困难。

——1994年6月7日 任正非对公司人员的讲话《胜利祝酒辞》

07 华为没有第三条道路可走

华为是由于无知，才走上通信产业道路的。当初只知市场大，不知市场如此规范，不知竞争对手如此强大。一旦走上这条道路，就如上了"贼船"，要么沉没在商海中，要么强大到年产值数百亿元，有自立的能力。没有第三条道路可走。

——1995年12月26日 任正非在1995年总结大会上的讲话《目前我们的形势和任务》

08 中国已具备建设通信支撑网的要素

近年来，我国在程控交换的研究和生产上，出现群体性突破；在SDH光传输通信上，也会再次出现群体性突破；在计算机工程上，中国已拥有足够的基础。因此，建设一个通信支撑网的几大要素，中国已经具备。可以有信心地说，十年之内中国在设备研究上充分满足中国网络的更新换代是有可能的。

——1995年12月26日　任正非在1995年总结大会上的讲话《目前我们的形势和任务》

09 国家没有高科技，就像没有军队一样软弱无力

一个国家拥有高科技实力，不仅能在市场上获得巨大利益，而且是国家综合国力的象征。国家没有高科技，就像没有军队一样软弱无力。程控交换机在高科技产品中，更关系到国家安全，国家一定会重视这种产品的国产化。

——1995年12月26日　任正非在1995年总结大会上的讲话《目前我们的形势和任务》

10 调整期之前，要加快成熟产品的技术升级

我国通信网持续高速发展了十年，而我国的管理与计划并没有达到极高的水平，总会出现一个调整的时期，这时通信网的任务是加强内部调整。对于我们单一产品的公司而言，可能一下子没有了订单就会十分艰难，我们一定要密切重视这一动态，保持准确的分析判断。在这一时期未到来之前，加快成熟产品的技术升级、系统化、成套化；

加快产品多元化；逐步增强对起动较晚的省、市市场的力量，在全国衰落的时候，这些地区反而可能在局部上成长；加快国际市场的开发；全面开展增产节约，努力降低成本；优化管理、简化程序，精简人员、提高效率。除此之外别无出路。

——1995年12月26日 任正非在1995年总结大会上的讲话《目前我们的形势和任务》

11 目标要瞄准世界一流企业

你们的目标要瞄准爱立信，要在产品的水平、研究的手段、人员的数量与质量上，逐步与之靠拢。为了活下去，20世纪末，我们将达到3000～4000名研究人员。中研部永远是会战的战场，永远是富有创造力的年轻人的天下，我们要注意研究他们、爱护他们。要使功臣有归宿，有很好的人才输送和晋升的机会，要使年轻人源源不断地争相涌入。

——1995年12月26日 任正非在1995年总结大会上的讲话《目前我们的形势和任务》

12 要成长为信息高速公路建设的主力军

到本世纪末，通信技术的飞速发展急剧改变我们每一个人的生活。华为公司将全方位地发展骨干支撑网核心技术，开发个人通信、多媒体、数据通信等多方面技术，给千家万户带来科技进步的享受。

大力发展大型汇接交换局、长途交换局、大型信令转接点（STP），基于UNIX的大型电信网络管理系统，国际长途交换，以智能网为中心发展各种电信技术，开发大量智能网软件。全力配合改善我国电信网的服务质量，加大力度开发622M、2.5G以上的SDH传输设备，融交换、交叉连接、传输系统和管理于一体。

开拓无线通信和个人通信领域，在数字微蜂窝、无线本地环路上首先突破，进而发展无线通信的主流市场。进入欣欣向荣的多媒体领域，发展视像技术和CATV技术，为千家万户带来科技的享受。未来的计算是基于网络的计算，数据通信和ATM宽带交换技术是实现信息高速公路的基石，华为公司将成长为信息高速公路建设的主力军。

——1995年12月26日　任正非在1995年总结大会上的讲话《目前我们的形势和任务》

13　要学习对手长处

前不久郑宝用率团参观了上海贝尔，感叹贝尔在生产管理与工艺装备上的巨大进步，真是堪称世界一流。由于规模大，必然成本低。他们的管理很科学，质量很好，十年的引进，使他们较快地与国际接轨。我们的竞争伙伴04机、大唐、中兴新都有十分明显的进步。04机市场的覆盖面比我们大，党中央对他们也比较支持；大唐有着十所十来年国家级科研打下的底子，在科研的深度上、广度上都得天独厚，有着国家的帮助，他们对电信的系统认识比我们深刻；中兴新公司与我们同处深圳，朝夕相处，文化比较相近。中兴新在"做实"这个方面值得我们基层员工好好学习。华为在"做势"方面比较擅长，但在做实方面没有像中兴新那样一环扣一环，工作成效没有他们高。

——1996年6月30日　任正非在市场庆功及科研成果表彰大会上的讲话《再论反骄破满，在思想上艰苦奋斗》

14 看看世界，比比自己

与国际著名公司相比，我们还缺乏可比性。在国际市场的竞争中已明显地暴露了我们的弱点。外国公司的人评述，你们的设备很好，但太年轻，缺少国际经验。我们的队伍年轻，敢想敢干，在局部突破一些技术的前沿，取得了进入国际市场的资格，但面对国际复杂网、多网合一，我们年轻的队伍是否受得了？看看世界，比比自己，还需要百倍的努力。

——1996年6月30日 任正非在市场庆功及科研成果表彰大会上的讲话《再论反骄破满，在思想上艰苦奋斗》

15 永远没有固定的对手

永远没有固定的对手，使用固定的方式和固定的产品同我们竞争。这就迫使我们不可能有固定的职位，也迫使所有人都不能故步自封。对手调整了方位，我们也要相应地调整战略，所以大家要永远去努力。

——1996年8月11日 任正非在市场部内部竞聘现场答辩会上的讲话《胜负无定数，敢搏成七分》

16 年年都要有进步

明年和今年是有区别的，明年和后年可以有很大的进步，年年都有进步，就可以把优秀人才选出来。你不要以为大比武没有用，眼前看不出成果，二三年以后华为公司绝对是最优秀的。大家知道是这么回事了，就会不断努力，时时感觉到压力，就会不断地去学习。

——1996年11月15日 任正非在劳动工资汇报会上的讲话《实行低重心管理，层层级级都要在做实上下功夫》

17 现在没有领路人了，就得靠我们自己来领路

我和很多国际大公司的领导人沟通的时候，他们都认为电信行业是一个门槛很高的行业，他们没想到华为敢攀这个门槛，更让他们不可想象的是，西方企业花了一百多年时间，而我们只用了二十年就达到同样的水平。所以，我们要肯定研发付出的努力、艰辛和贡献，要肯定研发领导的贡献，贡献的过程甚至是痛苦的。

现在我们已经走在了通信业的前沿，要决定下一步该怎么走，其实是很难的。正如一个人在茫茫的草原上，没有北斗七星的指引，如何走出去？

这二十年，我们占了很大的便宜，有人领路：阿尔卡特、爱立信、诺基亚、思科等都是我们的领路人。现在没有领路人了，就得靠我们自己来领路。

——2010年8月26日　任正非在2010年PSST体系干部大会上的讲话《以客户为中心，加大平台投入，开放合作，实现共赢》

18 要用心为后人领路

领路是什么概念？就是"丹柯"。丹柯是一个神话人物，他把自己的心掏出来用火点燃，为后人照亮前进的路。我们也要像丹柯一样，引领通信领域前进的路。

这是一个探索的过程，在过程中因为对未来不清晰，可能会付出极大的代价。但我们肯定可以找到方向的，找到照亮这个世界的路，这条路就是"以客户为中心"，而不是"以技术为中心"。

——2010年8月26日　任正非在2010年PSST体系干部大会上的讲话《以客户为中心，加大平台投入，开放合作，实现共赢》

19 虽然今天的形势不错，但明天不一定好

虽然今天我们的生产形势不错，但明天不一定很好。竞争越来越激烈、越来越残酷，我们面临的竞争对手是世界著名公司，他们已经提出口号："在中国市场上谁亏得起，谁就是最大胜家！"我们没有这个经济实力。我们还有95%的人没有房子，没有更多的资金"赌博"。我们唯有一句话："提高工作效率，降低工作成本。"业务流程重整就是以具体的操作方法来完成这一任务。

——1996年　任正非在管理改革工作动员大会上的讲话摘要《不要叶公好龙》

20 也曾非常保守

我们公司经历了八年的艰苦奋战，1997年将是公司走向飞跃的一年。我们原计划将1997年的发展速度调整到50%，但从目前的形势发展看，1997年整体发展过程中会产生一系列飞跃，我们的国内外市场要超大规模扩张。而面对大好时机，首先要求我们内部是一个非常稳定、有序的整体，各个方面都要适应它，也就是说，内部管理的高水平是1997年大发展的起点。公司近几年在发展上是十分保守的，这与我们的指导思想有很大关系，怕出乱子，破坏了发展前景，所以有许多发展机会都控制而不发。

——1996年　任正非在管理改革工作动员大会上的讲话摘要《不要叶公好龙》

21 中国人终于在一个产品上要站起来了

最使我们欣慰的是，我们的电源公司（莫贝克）经历了三年承包的

发展低迷之后，使十八个省的股东认识到自由发展的机遇，解开承包的绳索后，迅猛地奔跑，不仅取得了可观的经济效益，而且为1997年打下了大发展的基础。他们提出的1997年、1998年联合几个国内厂家的市场占有份额，将会大大地超过进口电源、合资企业生产电源的总和，并逐步扩大到占绝对的优势。中国人终于在一个产品上要站起来了。

——1997年 任正非在机关干部下基层，走与生产实践相结合道路欢送会上的讲话《自强不息，荣辱与共，促进管理的进步》

22 我们要随时注意大象什么时候走过来

我们的竞争伙伴都是年销售值几百亿美元的厂商，我们整个市场加起来，还不到十亿美元。因此，和国际大公司相比，我们还非常非常小。我认为三年以后，华为公司的销售值会在20亿~30亿美元，我们还是一只很小的蚂蚁，很容易被爱立信、AT&T这些大象踩死。所以说，我们一点不敢睡觉，我们要随时注意大象什么时候走过来，要赶快跑，不要被大象踩死。

——1997年10月1日 任正非与HAY专家在任职资格考核会上关于研究部分的对话《建立一个适应企业生存发展的组织和机制》

23 优良的管理和良好的服务会产生巨大利益

美国可以在产品技术得以突破之后，高举产品的大旗，招聘有各国工作经验的人才，就可以打遍全世界，而华为公司取得产品技术突破之后，不仅不能打遍全世界，而且在家门口也未必有优势。我们作为小公司，也可能会有世界级的发明、超时代的发明，但这个发明一旦被西方大公司察觉，他们在很短时间内完全可能做出超过我们很多的产品，当他们的产品覆盖全世界时，我们的产品就不可能卖出去了。因此，现在华为公司决心构筑优良的管理与服务，一旦出现新的机会点，抓住它，我们就有可能成长为巨人。现在是有机会也抓不住，最多在中国非主流市场上打一个小胜仗，把大量的国际市场让给了西方公司。因此，我们新技术的出现往往不能给我们带来巨大的利益，这个巨大利益怎样产生呢？那就是优良的管理和良好的服务。

——1998 年　任正非《不做昙花一现的英雄》

24　规模是优势

1993 年初，当郭士纳（Lou Gerstner）以首位非 IBM 内部晋升的人士出任 IBM 总裁时，提出了四项主张：①保持技术领先；②以客户的价值观为导向，按对象组建营销部门，针对不同行业提供全套解决方案；③强化服务、追求客户满意度；④集中精力在网络类电子商务产品上发挥 IBM 的规模优势。

第 4 条是针对 1992 年 IBM 所面临的解体为 7 个公司的情况而说的。规模是优势，规模优势的基础是管理。

历时 5 年，IBM 裁减了 15 万名员工（其中因裁员方法的不当，也裁走了不少优秀的人才）。销售额增长了 100 亿美元，达 750 亿美元，股票市值增长了 4 倍。

——1998 年　任正非《我们向美国人民学习什么》

25　要成为世界级领先企业

（华为）核心价值观的第一条是解决华为公司追求什么。现在社会上最流行的一句话是"追求企业的最大利润率"，而华为公司的追求是相反的，华为公司不需要利润最大化，只将利润保持在一个较为合理的尺度。我们追求什么呢？我们依靠点点滴滴、锲而不舍的艰苦追求，成为世界级领先企业，为我们的顾客提供服务。也许大家觉得可笑，小小的华为公司竟提出这样狂的口号，特别在前几年。但正是这种目标导向，才使我们从昨天走到了今天。

——1998年 任正非向中国电信调研团的汇报以及在联通总部与处级以上干部座谈会上的发言《华为的红旗到底能打多久》

26 华为公司若不想消亡，就一定要有世界领先的概念

今年我们的产值在100亿元左右，年底员工人数将达到8000人，我们和国际接轨的距离正逐渐缩小。今年我们的研发经费是8.8亿元，相当于IBM的1/60，产值是它的1/65。和朗讯比，我们的研发经费是它的3.5%，产值是它的4%，这个差距还是很大的，但每年都在缩小。我们若不树立一个企业发展的目标和导向，就建立不起客户对我们的信赖，也建立不起员工的远大奋斗目标和脚踏实地的精神。因为对电子网络产品，大家担心的是将来能否升级，将来有无新技术的发展，本次投资会不会在技术进步中被淘汰。华为公司若不想消亡，就一定要有世界领先的概念。我们最近制定了要在短期内让接入网产品达到世界级领先水平的计划，使我们成为第一流的接入网设备供应商。这是公司发展的一个战略转折点，就是经历了10年的卧薪尝胆，开始向高目标冲击。

——1998年 任正非向中国电信调研团的汇报以及在联通总部与处级以上干部座谈会上的发言《华为的红旗到底能打多久》

27　只有瞄准业界最佳才有生存的余地

以客户的价值观为导向，以客户满意度作评价标准。瞄准业界最佳，以远大的目标规划产品的战略发展，立足现实，孜孜不倦地追求、一点一滴地实现。

我们必须以客户的价值观为导向，以客户满意度为标准，公司的一切行为都是以客户的满意程度作为评价依据。客户的价值观是通过统计、归纳、分析得出的，并通过与客户交流，最后得出确认结果，成为公司努力的方向。沿着这个方向我们就不会有大的错误，不会栽大的跟头。所以现在公司在产品发展方向和管理目标上，是瞄准业界最佳，现在的业界最佳是西门子、阿尔卡特、爱立信、诺基亚、朗讯、贝尔实验室……我们制定的产品和管理规划都要向他们靠拢，而且要跟随他们并超越他们。如在智能网业务和一些新业务、新功能问题上，我们的交换机已领先于西门子了，但在产品的稳定性、可靠性上我们和西门子还有差距。我们只有瞄准业界最佳才有生存的余地。

——1998 年　任正非向中国电信调研团的汇报以及在联通总部与处级以上干部座谈会上的发言《华为的红旗到底能打多久》

28　公司现在最严重的问题是管理落后

公司现在最严重的问题是管理落后，比技术落后的差距还大。我们发展很快，问题很多，但管理不上去，效益就会下滑。当务之急是要向国外著名企业认真学习，我们聘请了非常多的国外大型顾问公司给我们提供顾问服务。如我们的任职资格评价体系，请的是美国 HAY 公司来提供顾问服务。通过自己的消化吸收，一点一点地整改。任何整改都得先刨松土壤，这就要从自我批评入手，才能听得进别人的意见。

——1998年 任正非向中国电信调研团的汇报以及在联通总部与处级以上干部座谈会上的发言《华为的红旗到底能打多久》

29 要么领先，要么就灭亡

在电子信息产业中要么领先，要么就灭亡，没有第三条路可走。华为由于幼稚走上了这条路。当我们走上这条路，没有退路可走时，我们付出了高昂的代价，我们的高层领导为此牺牲了健康。后来的人仍不断在消磨自己的生命，目的是达到业界最佳。沙特阿拉伯商务大臣来参观时，发现我们办公室柜子上都是床垫，然后把他的所有随员都带进去，听我们解释这床垫是干什么用的，他认为一个国家要富裕起来就要有奋斗精神。奋斗需一代一代坚持不懈。

——1998年 任正非向中国电信调研团的汇报以及在联通总部与处级以上干部座谈会上的发言《华为的红旗到底能打多久》

30 要从设计开始建立商品意识

在设计中构建技术、质量、成本和服务优势，是我们竞争力的基础。我们建立的是产品线管理制度，贯彻产品经理是对产品负责而不只是对研究成果负责。因为不对产品负责任，产品经理就不会重视产品商品化过程中若干小的问题，而只重视成果的学术价值，就会使研究成果放置无用，这就是我国火箭做得好、打火机造得不好的根源。紧紧抓住产品的商品化，一切评价体系都要围绕商品化来导向，以促使科技队伍成熟化。我们的产品经理要对研发、中试、生产、售后服务、产品行销……负责任，贯彻了沿产品生命线一体化的管理方式。这就是要建立商品意识，从设计开始就要构建技术、质量、成本和服务的优势，这也是一个价值管理问题。

——1998年 任正非向中国电信调研团的汇报以及在联通总部与处级以上干部座谈会上的发言《华为的红旗到底能打多久》

31 我们决心永不进入信息服务业

我们决心永不进入信息服务业，把自己的目标定位成一个设备供应商。这在讨论中是争论很大的，最后被肯定下来，是因为只有这样一种方式，才能完成无依赖的压力传递，使队伍永远处于激活状态。进入信息服务业有什么坏处呢？自己的网络卖自己的产品时内部就没有压力，对优良服务是企业生命的理解也会淡化，有问题也会推诿，这样企业是必死无疑了。在国外我们经常碰到参与电信私营化这样的机会，我们均没有参加。当然我们不参加，以后卖设备会比现在困难得多，这就迫使企业必须把产品的性能做到最好、质量最高、成本最低、服务最优，否则就很难销售。任何一个环节做得不好，都会受到其他环节的批评，通过这种无依赖的市场压力传递，使我们内部机制永远处于激活状态。这是欲生先置于死地，也许会把我们逼成一流的设备供应商。

——1998年 任正非向中国电信调研团的汇报以及在联通总部与处级以上干部座谈会上的发言《华为的红旗到底能打多久》

32 要创造机会，而非抓住机会

落后者的名言是抓住机会，而发达国家是创造机会，引导消费。

机会是由人去实现的，人实现机会必须有个工具，这就是技术。技术创造出产品就打开了市场，这又重新创造了机会，这是一个螺旋上升的循环。这四个因素中，最重要的还是人。国家和国家的竞争，实质是大企业之间的竞争。经济的竞争体现的是技术的竞争，技术优势是由教育基础构成的。

——1998年 任正非向中国电信调研团的汇报以及在联通总部与处级以上干部座谈会上的发言《华为的红旗到底能打多久》

33 专注，不受诱惑

我们广泛吸收世界电子信息技术最新研究成果，虚心向国内外优秀企业学习，在独立自主的基础上，开放合作地发展领先核心技术体系。我们专注在电子信息领域发展，不受其他投资机会诱惑，树立为客户提供一揽子解决问题的理念，为客户服务。公司从创业到现在，紧紧围绕着通信发展，后来扩展到信息。大家知道，深圳经历了两个泡沫经济时代：一个是房地产，另一个是股票。而华为公司在这两个领域中一点都没有卷进去，倒不是什么出淤泥而不染，而是我们始终认认真真地搞技术。房地产和股票起来的时候，我们也有机会，但我们认为未来的世界是知识的世界，不可能是这种泡沫的世界，所以我们不为所动。

——1998年 任正非向中国电信调研团的汇报以及在联通总部与处级以上干部座谈会上的发言《华为的红旗到底能打多久》

34 拥有核心技术知识产权，才能进入世界竞争

我国引进了很多工业，为什么没有形成自己的产业呢？关键是核

心技术不在自己手里。掌握核心，开放周边，使企业既能快速成长，又不受制于人。

可以举个例子，华为将作为世界大传输厂商角逐世界市场，为什么？传输的芯片是我们自己开发的，使用的是 0.35μ 的技术，而且功能设计比较先进。可以肯定的是，在 2.5G 以下我们做得比国外的好。例如，华为在新一代传输体制 SDH 中展现出强大的活力，2.5G 以下级别交叉能力是全世界最强的，实现了低阶全交叉连接功能，十分适应中国电信网络复杂的需求。在自行设计的芯片中，完成复杂数字运算的功能，大大地提高了光同步传输设备的业务接口在抖动、漂移等方面的指标特性。支撑网中适应高精度定时要求的网同步技术，延伸了 SDH 设备在节点数和距离方面的应用。

只有拥有核心技术知识产权，才能进入世界竞争。我们的 08 机之所以能进入世界市场，是因为我们的核心知识产权没有一点是外国的。

——1998 年　任正非向中国电信调研团的汇报以及在联通总部与处级以上干部座谈会上的发言《华为的红旗到底能打多久》

35　摆脱依赖

我们要逐步摆脱对技术的依赖、对人才的依赖、对资金的依赖，使企业从必然王国走向自由王国，建立起比较合理的管理机制。当我们还依赖于技术、人才和资金时，我们的思想是受束缚的，我们的价值评价与价值分配体系还存在某种程度的扭曲。

——1998 年　任正非向中国电信调研团的汇报以及在联通总部与处级以上干部座谈会上的发言《华为的红旗到底能打多久》

36 我们不是在搬石头，而是在修教堂

我给市场部的人讲过一个故事：50 年前有两个青年在搬石头修教堂，一个智者问他们："你们在干什么？"其中一个青年告诉他："我在搬石头。"另外一个青年则说："我在修教堂。"50 年过去以后，大家回过头来看一看，说搬石头的人还在搬石头，说修教堂的人已成了哲学家。这个故事是谁告诉我的呢？是阿塞拜疆科学院院长到我们公司访问的时候，他跟我讲到这个故事。他讲华为公司现在每天都在修教堂。为什么？我们瞄准了一个发展大目标，做的事情是天天在搬砖头、搬石头，但是总目标是公司核心竞争力的提升。所以我们每天都在修教堂，50 年后你们可能就修成了，大家都成为哲学家，成为企业家，成为很好的管理者、很好的工人、很好的专家。大家想想：在公司里你的工作总目标是修教堂，而你的人生目标不是也在变化吗？

——1999 年　任正非在第二期品管圈活动汇报暨颁奖大会上的讲话《在实践中培养和选拔干部》

37 要看到自己的致命弱点

将来国家在国际竞争中的主体是企业，而企业的竞争本质是技术先进、服务优秀、质量可靠。我们相对来讲还是比较弱的，尤其是后者。我们的工艺与制造还没有被提到像德国、日本一样重要，它的标志是我们的能工巧匠太少。我们要培养一支精良的工人队伍。

——1999 年　任正非《能工巧匠是我们企业的宝贵财富》

38 一个人有进步是不够的，整个周边环境都要进步

在苦练基本功的同时，还要加强同周边流程、相关工作岗位的协

调，同步前进。我相信西方国家的生产工人和我们国家的工人没有太大的距离，当然这一点仅指的是劳动强度。中国的工人有一天也应该能拿到他们那么高的工资，也可以买房子、买车，但为什么我们做不到呢？我们应该很好地去研究一下。一个人有进步是不够的，整个周边环境都要进步。如果只有一个人干得很快，各方面都没有实现同等进步，一个人的进步很快也没有多大意义。所以，我认为在这个不断进步和优化的过程中，要特别强化周边的协调有效，我们每一个人的进步要和整个周边、整个流程的共同进步放到一起。

——1999 年　任正非《能工巧匠是我们企业的宝贵财富》

39　要在细分领域做到世界领先

问：华为公司怎么做到世界领先？

答：今年年底，我们将提出一个口号，就是在窄带通信领域要做到世界领先。怎么做到？要虚心、认真地学习国外主要竞争对手的优点，并时时看到和改正自己的缺点。华为要活下去就要学习、开放合作，不能关起门来赶超世界。我们所有的拳头产品都是在开放合作中研制出来的。封闭心态的人无法进步，应下岗培训。

——1999 年　任正非答新员工问

40　要在艰难的学习中成长

华为是在艰难的学习中成长起来的。十年前，华为十分落后，当时党中央发出号召，要发展高科技，连我们自己都缺少信心。十年来，在党的政策一次又一次牵引下，华为经历了艰难困苦的奋斗，终于在 SDH 光传输、接入网、智能网、信令网、电信级 Internet 接入服务器、

112 测试头等领域开始处于世界领先地位；密集波分复用 DWDM、C & C08iNET 综合网络平台、路由器、移动通信等系统产品挤入了世界先进水平的行列；明年华为的宽带 IP 交换系统以及宽带 CDMA 也将商用化。这标志着在党的领导下，一群土生土长的中国人争得与世界著名公司平等的技术地位，为伟大祖国争了光。

——2000 年　任正非《创新是华为发展的不竭动力》

41　我也曾软弱到深夜痛哭

1999 年，华为经过研究最终放弃小灵通技术，而中兴凭借小灵通缩小了跟华为的差距。2001 年，中国邮电分拆为中国电信、中国移动和中国联通，华为一直认为电信和联通会选择 GSM 技术，结果联通选择了华为不看好的 CDMA，电信选择了小灵通。2002 年，也是世界通信行业挑战极为严峻的一年。任正非后来回忆说："2002 年，公司差点崩溃。IT 泡沫破灭，公司内外矛盾交集，我却对控制这个公司感到无能为力，有半年时间都是噩梦，梦醒时常常哭。"

——2002 年 6 月　任正非《迎接挑战，苦练内功，迎接春天的到来》

42　要把握好节奏

曾经看到一句话，崇高是崇高者的墓志铭。这多少说明了我们在产品研发上不能唯技术导向，一味地追求技术领先，在公司的动作发展上，也要把握好自己的节奏。现在技术发展很快，大大地超过了客户需求，不能及时产生效果，时代已经赋予你们新的使命。

——2003 年 5 月 26 日　任正非在 PERB 产品路标规划评审会议上的讲话《产品发展的路标是客户需求导向　企业管理的目标是流程化的组织建设》

43　不要讳疾忌医

当前的形势是信息产品过剩，还没有找到任何解决的措施。新技术壁垒不易形成，靠技术产生的附加价值已十分不容易取得。因此，信息产业未来的竞争会更加残酷与激烈。首先是小公司因承受不了成本的困难而退出，而大公司不会因填补这些市场空白，就能减缓压力。因为任何一家大公司对这个世界的供应，都不会感到困难。而现在有这么多大公司，就使过剩问题无法解决。我们要清楚地看到这种严峻的形势。

面对这种形势，我们清楚地看到活下来是不会容易的。要从供过于求的现实状况中摆脱出来，一是大公司之间整合，以减少大公司的数量，减少供给；同时使成本降低，维持生存。二是整合不成，必然会死掉一批公司，谁多剩一口气，谁就能活下来，谁就能继续生存下去。活下来的充分必要条件就是在优先满足客户需求的基础上，质量好、服务好、运作成本低，以及正现金流。公司近期改革就要围绕这个目标做文章。

信息和沟通是人类的基本需求，这个世界五千年后，仍然需要信息服务；当然也需要相应的设备制造商。只要我们能活下来，我们就是有希望的。我们在泡沫经济中犯过许多的错误，今天仍然有许多错误在发生，如果我们不讳疾忌医的话，我们就有希望活下来，就会更加有效地发展。

——2004 年　任正非在干部工作会议上的讲话《持续提高人均效益　建设高绩效企业文化》

44　要基于客户需求导向

基于客户需求导向的产品投资决策和产品开发决策。华为的投资决策是建立在对客户多渠道收集的大量市场需求的去粗取精、去伪存真，由此及彼、由表及里的分析理解基础上的，并以此确定是否投资及投资的节奏。已立项的产品在开发过程的各阶段，要基于客户需求来决定是否继续开发，或停止，或加快，或放缓。

——2004年4月28日 任正非在"广东学习论坛"第十六期报告会上的讲话《华为公司的核心价值观》

45 不奋斗就没有出路

不奋斗，华为就没有出路。

世间管理比较复杂困难的是工业，而工业中最难管理的是电子工业。电子工业有别于传统产业的发展规律，它技术更替、产业变化迅速，同时没有太多可以制约它的自然因素。例如，汽车产业的发展受钢铁、石油资源以及道路建设的制约。而用于电子工业的生产原料是取之不尽的河沙、软件代码、数学逻辑。正是这一规律，使得信息产业的竞争要比传统产业更激烈，淘汰更无情，后退就意味着消亡。要在这个产业中生存，只有不断创新和艰苦奋斗。而创新也需要奋斗，是思想上的艰苦奋斗。华为由于幼稚不幸地进入了信息产业，我们又不幸学习了电子工程，随着潮流的波逐，被逼上了不归路。创业者和继承者都在销蚀着自己，为企业生存与发展顽强奋斗，丝毫不敢懈怠！一天不进步，就有可能出局；三天不学习，就赶不上业界巨头，这是严酷的事实。

——2006年 任正非《天道酬勤》

46 坚持路线不动摇

我们要坚持以3GPP为大标准的路线不动摇，搭大船，过大海。

坚持在大平台上持久地大规模投入，拒绝机会主义、拒绝短视。要看到30亿用户共用一张网，并不断地及时更新，满足客户需求，提供及时有效的服务，其技术支持的艰难度是很难想象的，我们还任重道远。我们要坚信全IP、有线无线合一的宽带化是未来的道路，要敢于加大投入力度，要敢于吸收有用的人才与我们一起奋斗，共享未来的成功。

——2008年5月31日　任正非在无线产品线奋斗大会上的讲话纪要《让青春的火花，点燃无愧无悔的人生》

47　要把握住关键要素

我们坚信未来以IP为基础的传输市场，随着信息流每年的数倍增长，会有极大的空间。我们在这方面要增大投入，从芯片做起。现行光网络传输还会不断更新和扩容。未来从极大容量的高质量传输，到极小容量的低成本的IP传输，都是极富挑战的。随着网络的宽带化，传输的要求发生了很大的变化，而且越来越要求在骨干传输中使用超大容量的优质产品。随着光纤到户、光纤到桌面，体积越来越小、成本越来越低、使用越来越方便、维护越来越容易，并满足一定带宽的低端IP设备会呈爆炸式增长。我们的研究要适应客户的各种需求，要把握住关键的要素。

——2008年6月13日　任正非在网络产品线奋斗大会上的讲话纪要《让青春的生命放射光芒》

48　一步步缩小差距

我们坚持将IP的理念引入所有的通信产品。同时，数据通信产品也要吸收传输、交换的经验，以及吸引有关人才。在中低端产品上要缩小与思科的差距，在中高端产品上要支持我们的核心网进步。我们相信经过十几年的厚积薄发，聚焦在通信领域持续投入，提供端到端的电信级 IP 解决方案与服务，我们一定会重生，我们的青春生命会放射出灿烂的光芒。

——2008 年 6 月 13 日　任正非在网络产品线奋斗大会上的讲话纪要《让青春的生命放射光芒》

49　不要长期消耗

客户的本能就是选择质量好、服务好、价格低的产品。而这个世界又存在众多竞争对手，我们质量不好、服务不好，就不讨论了，必是死路一条。如果质量好、服务好，但成本比别人高，我们可以忍受以同样的价格卖一段时间，但不能持久。

因为长期消耗会使我们消耗殆尽。肝硬化了，如何前进？

——2008 年 6 月 16 日　任正非在成都代表处与员工座谈纪要《大家都是共和国的英雄》

50　不收费的模式总有一天要走到尽头

服务产品线要有战略性的、结构性的规划了。整个世界的信息服务量是极其巨大的、发展空间是极其巨大的，收费还是有前途的，所以不是一个计算机厂家就能执行起信息化的任务来，因为不收费的模式总有一天要走到尽头的。如果我们不在服务产品线加大投入力度，不在代维市场加大投入力度，我们总有一天被挡在人家的封闭市场外。我们还是要加速前进。我希望服务产品线要组建完整的产品线，有研发、销售支持，如果不是按产品线来运作，服务就不能做大做强，要给服务产品线一个执行、磨合的过程。

——2008年7月21日 任正非在地区部向EMT进行2008年年中述职会议上的讲话

51 要有手段和措施鼓励新的产品

特别是要有手段和措施鼓励新的产品，销售额不高但利润率高的产品，千万不要变成只愿意卖、只会卖容易卖的产品的状况。好做的就做，不好做的就不做，那么我们是做小，不是做大。

——2008年7月21日 任正非在地区部向EMT进行2008年年中述职会议上的讲话

52 不能只认死理儿，你那是僵化

我一直在讲这个问题，未来云怎么样谁都不知道，你怎么知道你走的就是一条正确的道路呢？当年定的鲜花必须插在牛粪上，是我们自己曾经有教训，盲目地学习与跟随西方公司，我们指望从天上掉下个林妹妹，卜不来，连不上，不知道怎么用，一直到林妹妹变成老太太了，全做好了，可以接进来了，才开始用，那林妹妹就没价值了，老了。现在我就说从牛粪上生出鲜花来，与电信就贴近，做一朵云马上卖一朵云，逐步形成七彩云霞。全世界都是从互联网往云这边走，唯独我们一家从电信往云那边走的，谁胜谁负呢？我没有说人家不正确，走到一定程度，我也要重新认识自己，不能认为自己就是对的，认为自己找到了一条马克思主义真理。

我们今天的真理也是可以被修正的。从核心网尽快地走向云，很快就出来了，马上就可以用了。我们做了一片云，贴到了中国移动的管道上，贴到了电信的管道上，我们就用了，我们没有做很多片云。如果我们要等从天上掉下个林妹妹，我们光一片两片云怎么能够活下来？所以我们在走的过程中，不能证明我们这条路是绝对正确的，但是我们从这里起步了，起步就要走向更加开放、更加兼容。本来这条路是不正确的，结果因为我们开放兼容之后，反而这条路是正确的，因为我们这条路已经不是我们想象的那条狭路了，这条路已经异化了。所以你要称霸世界，不能只认死理儿，你那是僵化。

——2010年 华为云战略与解决方案发布会会议纪要《开放、合作、自我批判，做容千万家的天下英雄》

53 有时候歪打正着，运气很重要

我们认为终端这几年发展得真不容易。当年我们没想过做终端，我们是被逼迫上马的，因为我们的3G系统卖不出去，没有配套手机，要去买终端，买不到，才被逼迫上马的。应该说你们走得不错，很成功。郭平发明了转售路线，专门给大运营定制低端手机，当时我对这条路线还持怀疑态度：能不能成功？歪打正着，成功了。

——2010年12月3日 任正非与终端骨干员工座谈纪要《做事要霸气，做人要谦卑，要按消费品的规律，敢于追求最大的增长和胜利》

54 我们公司将来会转变成很大的软件公司

终端在未来的网络中越来越重要，软件怎么摸都摸不着，它必须通过终端才能和人实现共享。我们公司将来会转变成很大的软件公司，但软件摸不着，要靠你们这颗螺丝把我们这个软件体现出来。所以终端有很重要的战略地位。我们一个小时前讲的和现在讲的没有变化。以前，国家认为终端很赚钱，不给我们做，我们只好在海外注册了公司，谁知海外这家小公司做到现在这么大，慢慢经过国家批准才移到国内来。国内销售平台做得不如国外大，是因为我们不是在国内起步，而是在海外起步。我们走到今天，我们已经有希望，要做好做大。

——2010年12月3日 任正非与终端骨干员工座谈纪要《做事要霸气，做人要谦卑，要按消费品的规律，敢于追求最大的增长和胜利》

55 手机只是端的一部分

我讲的是端管云，没有讲手机，手机只是端中的一部分，不是完全的端。

比如，移动宽带技术要称霸世界，称霸世界可能不是插卡，而是小模块，嵌入各种机器里去的，中国叫物联网，世界不叫物联网。这个小模块未来和管道平台相融合。另外，固网终端发展空间其乐无穷，但固网终端的变化应该很迅猛，万变不离其宗，我们一定要在垂直整合上下很大的功夫，使我们的内部资源集合在一个点上。现在我们内部是各行其是，明年将以解决方案为中心来改革研发体系。

——2010年12月3日 任正非与终端骨干员工座谈纪要《做事要霸气，做人要谦卑，要按消费品的规律，敢于追求最大的增长和胜利》

56 要建立核心生产能力，但不要完全甩出去

我们要建立核心生产能力，否则我们对供应链理解不深，不能打通供应链。我们之所以管道系统做得好，是因为我们保持了核心生产能力。我们保持一部分生产能力，掌握了这部分能力，这样对外包合

作就比较清晰。我支持终端恢复这个东西，要建立这个东西。不要完全甩出去，这样太机会主义，一旦出现风险，就满盘皆输。如果核心制造领域恢复有困难，可以请以前的离职员工回来，把这个筹建起来。我们恢复短薄精小的制造能力应该不难，日本人就是短薄精小。我们可以找一些日韩专家。

——2010 年 12 月 3 日　任正非与终端骨干员工座谈纪要《做事要霸气，做人要谦卑，要按消费品的规律，敢于追求最大的增长和胜利》

57　有些东西过时以后，你送都送不出去

我认为我们要学一下消费品牌，比如服装品牌的管理。每个顶级服装品牌实际都有两个品牌：一个高端一个低端。其实一样的货，销售点不一样。终端的销售模式和供应模式，除库存不能妥协之外，其他的都可以考虑，随着时装化越来越严重，有些东西过时以后，你送都送不出去。

——2010 年 12 月 3 日　任正非与终端骨干员工座谈纪要《做事要霸气，做人要谦卑，要按消费品的规律，敢于追求最大的增长和胜利》

58　在低成本的地方制造

邹笑辉：现在我们进入全球化和区域化，关于在海外本地化生产，终端这块一直在摇摆，我们尝试了几次，发现还是在中国生产最便宜。对于这块，公司未来在本地制造战略上有什么考虑？

任总：我认为哪里成本最低就在哪里制造，这我不否定。我们还是倾向于内部管理成本要不断降低这个策略，"深淘滩，低作堰"。从制造成本来说，随着我们批量增大，我们该怎么制造？如果寻找一流

的外包商，譬如富士康，现在富士康涨工资，是不是涨我们的加工费了？那么有一些低端手机可以在二流制造商做，不一定非找富士康。富士康是高档制造商。我们还是在低成本的地方制造，因为终端的运输不像别的运输那么难，所以说你们怎么制造我不反对，而且可以随着季节性的波动找出规律，找出以后，弹性、柔性扩大量产，我不反对，但还是反对库存，公司可能因为库存死掉。

——2010 年 12 月 3 日　任正非与终端骨干员工座谈纪要《做事要霸气，做人要谦卑，要按消费品的规律，敢于追求最大的增长和胜利》

59　我们的优势是数学逻辑

我讲第一点，我们不能为了获取这个体系的利益而去做半导体生产产业。

半导体的生产是化学问题和物理问题，不是我们的优势，我们的优势就是数据逻辑，就是在软件、电路设计上的数学逻辑。我们即使做了工厂，做个 12 英寸，只要外面做 16 英寸的，就把我们抛弃了。在制造行业，我们是不可能持续领先的。

第二点，我们一定要耐得住寂寞，板凳要坐十年冷。特别是基础研究。

——2012 年 7 月 12 日　任正非在华为"2012 诺亚方舟实验室"专家座谈会上的讲话《中国没有创新土壤不开放就是死亡》

60　日本的手机厂商失败源于太僵化

日本手机的特点是短小精薄，Nokia 的手机非常可靠，能做到 20 年不坏，为什么它们在终端上都失败了？苹果手机是最不可靠的，为什么它能大量销售？是因为它能快速地提供海量的软件。日本厂家在平台上太严格、太僵化，跟不上快速变化，日本的手机厂商就破产了。

——2013年9月5日　向任正非汇报无线业务会议纪要《最好的防御就是进攻》

61　不要因别人成功而冲动

大数据流量时代应该是很恐怖的，因为我们都不知道什么叫大数据。流量之大也令人不可想象。我说的大数据与业界说的也不一样。业界说的大数据是搜索，如邬贺铨院士说的，数据的挖掘、分析、归纳、使用，使数据创造出价值。我说的大数据是指数据流的波涛汹涌，指不知道有多大的数据要传输与储存。当然我们希望传输的是净水，但我们也阻挡不了垃圾信息的来回被传输与储存，使得大数据更大。不要为互联网的成功而冲动，我们也是互联网公司，是为互联网传递数据流量的管道做铁皮。能做太平洋这么粗的管道铁皮的公司以后会越来越少；做信息传送管道的公司还会有千百家；做信息管理的公司可能有千万家。别光羡慕别人的风光，别那么互联网冲动。有互联网冲动的员工，应该踏踏实实地用互联网的方式，优化内部供应交易的电子化，提高效率，及时、准确地运行。我们现在的年度结算单据流量已超过2.5万亿元（人民币），供应点也超过5000个。

——2013年9月11日　任正非《提倡节俭办晚会，节约会议成本》

62　有所为，有所不为

什么是战略高地？12月29日，我们在东部华侨城讨论了华为公司新时期的战略机会点，并形成了一个彩色的示意图，就是未来在大数据流量中公司的战略，即 10% 的地区聚集了 90% 的流量，日本 3% 的国土面积承载了 70%～80% 的流量，公司战略主航道中的每一个不可替代的点都是战略机会点。有一部分非主航道的业务被标注为蓝色，他们要努力进行创造价值的改革。

我认为华为还要持续走向开放，只有开放才能获得战略机会点，占据了战略机会点谁都会支持你，没有战略机会点就无路可走。我认为改变世界就在最近的 3～5 年，如果 3～5 年内不能立足，该关门就关门，因为时间不等人。世界那么大，不需要抢占那么多地方，只要打进 10% 的高价值区域，抢占一部分高价值大数据流空间，我们就活下来了。

如何超越美国？我认为就是要踏踏实实做有限的事情。有所为，有所不为。坚持在某个领域获取高价值的东西，而不是全方位进攻。

——2014 年 1 月 5 日　任正非在成都研究所业务汇报会上的讲话《风物长宜放眼量》

63　世界是越来越简单，而非越来越复杂

我们的产品有没有可能走向更简单，我想别人也不会允许我们越搞越复杂。电子产品简单化是有出路的，虽然我不知道该如何简化，但是我知道未来的世界应该越来越简单，而不是越来越复杂。

——2014 年 1 月 5 日　任正非在成都研究所业务汇报会上的讲话《风物长宜放眼量》

64　我永远不相信产品有高门槛

我永远不相信产品有高门槛。以前手机是最难做的产品，现在却

沦为了山寨产品，你怎么确定以后我们的核心网、基站不会被山寨化呢？"最好的防御就是进攻"，我们就是要消灭复杂化，走向简单化。开放和简单是提高了竞争力，而不是降低了竞争力。大家对 LTE 有想法，说爱立信把标准做得太好了，涌现了很多小公司成为我们的竞争对手。但是，大合同在我们手上啊。当这个世界都不怎么赚钱的时候，小公司怎么积累资本？故宫的门槛是最开放、最简单的，你敢踩这个门槛吗？一旦走向开放简单之后，我们要想清楚我们的优势在哪儿。大家不要老是不理解乌龟精神。

——2014 年 1 月 5 日　任正非在成都研究所业务汇报会上的讲话《风物长宜放眼量》

65　连接是重大命题

现在终端的降价速度非常快，4K 的电视也就三千多块钱一台，说不定还会降。这样，社会的普及速度会很快，穷人家庭可能也想看看电视。我们可以把植入电视机的那个芯片做出来，让视频直接通过无线接口进来。所以，我认为十亿未连接家庭宽带问题是一个重大命题，"最后一百公尺"接入是一个重大命题，这些都不是那么容易的，无线要努力解决。

——2016 年 10 月 31 日　任正非在上海研究所听取无线网络产品线业务汇报纪要《聚焦主航道，眼望星空，朋友越多天下越大》

66　要保障差异化体验

5G 要保障不同业务的差异化体验，积极构建产业生态，做大产业空间。未来我们走向 5G 的时候，能不能改进？要专门给不同的应用预留一定带宽，不要把带宽全部给了图像，我们说是以图像为中心，那是从怎么撑大管道的角度来说的。语音是重要的功能，应该给它一个专门的带宽。我现在也在说，波分能不能也给量子通信留一个带宽？不要让量子通信成为一个独自的系统。这样就解决了一个合理分配资源给不同业务需要的问题。不然 5G 总说带宽宽得很，但总是充分满足了这一部分应用，又挤压了别的应用，有了区分服务就会使得业务体验比别人好。

——2016 年 10 月 31 日　任正非在上海研究所听取无线网络产品线业务汇报纪要《聚焦主航道，眼望星空，朋友越多天下越大》

67　向客户提供多形态产品

华为面向客户提供公有云、混合云和"服务器 + 虚拟化软件"三种产品形态。公有云和混合云要坚持硬件同构，软件架构统一；公有云和混合云要做好客户选择，不要试图满足所有客户的需求。基于"服务器 + 虚拟化软件"联合合作伙伴，满足多样性的政企自建数据中心和 IT/OT 系统的需求。

华为要打造领先的 ICT 基础设施，要在联接、计算与企业存储和华为云二方面都取得胜利。在继续增强联接的同时，强化软件力量的建设，构建一个好的华为云平台、云生态，让适合上云的行业场景牵引客户优先上华为云，成为政企上公有云的首选。通过客户上华为云，反逼华为的平台进步。我们要将联接、计算与企业存储和华为云有机融合，构筑面向聚焦的行业场景的行业"智能体"，助力智能升级。

——2020 年 11 月 4 日　任正非在企业业务及云业务汇报会上的讲话

68 只耕耘"黑土地"

我们公司的算法是解决算力的算法，精力主要放在如何用算法降低大流量过程中的消耗问题，只做"黑土地"基础平台。原则上，我们不做解决客户应用的算法，为业务服务的算法部分，只有客户才搞得明白。数据是人家的，我们最多是借用一下。

我们将来也可能向谷歌学习，做一些没有现实意义的研究，不一定跟华为的业务有关，其实就是给人类社会多做一点贡献。当然，我们现在还没有那么多钱，当纯利足够多时，我们的科学前沿就要推进一步，从火花变到宇宙去。

——2023年2月24日 任正非在"难题揭榜"火花奖公司内外的获奖者及出题专家座谈会上的讲话《擦亮火花、共创未来》

69 网络安全和隐私保护作为公司的最高纲领

今天，我们又处于一个新的起点，全面云化、智能化、软件定义一切等发展趋势，对ICT基础设施产品的可信度提出了前所未有的要求。可信将成为客户愿买、敢买和政府接受、信任华为的基本条件。可信不仅是产品外在表现的高质量结果，更是产品内在实现的高质量过程，是结果和过程的双重可验证的高质量。而只有全面提升软件工程能力和实践，才有可能打造出可信的高质量产品。公司已经明确，把网络安全和隐私保护作为公司的最高纲领。我们要在每一个ICT基础设施产品和解决方案中，都融入信任，构建高质量。

——2019年 任正非《全面提升软件工程能力与实践，打造可信的高质量产品——致全体员工的一封信》

70 要做强，而不是做大

经过几年的努力，公司对产业怎么"养"已经有了一套清晰的规则。接下来，你们要把产业的"生"和"死"也管起来，尤其是"死"要管起来。

第一，对于ICT业务，我希望做强，而不是做大，所以"喇叭口"不要张得太大，避免攻击力被削弱。选择机会的时候，只有市场规模大，技术上又足够难，才能建立起门槛。没有门槛我们就在红海中挣扎。而且，一定要先有领袖再立项做产品，而不是产品立项了再找主管。这是最大的错误，不明白的人，把结构体制全弄乱了，再改就难了。对于领袖，我们要早点选拔培养。

——2019年4月17日　任正非在ICT产业投资组合管理工作汇报时的讲话《不懂战略退却的人，就不会战略进攻》

71 退出不能在世界战略领先的产品

第二，有所为，有所不为，不能在世界战略领先的产品，我认为就应该退出生命周期。对于产业的战略性退出，一定要有序地退出。

产业的失败，领袖与主管要承担主要责任，但从事这些产业的员工是我们公司的宝贵财富，他们的经验对其他业务也有用，可以根据特长转到新业务去做出新的贡献。前段时间我们表彰了电信软件团队，就是为了体现这个战略思想。电信软件业务虽然不成功，但是它的研发人员在其他业务领域都做出了新贡献，取得了胜利，我们承认他们是功臣。因此，这些非标准、打混乱仗的人员也是宝贵财富，要让他们走进标准领域。

——2019年4月17日　任正非在ICT产业投资组合管理工作汇报时的讲话《不懂战略退却的人，就不会战略进攻》

72 不要盲目追求做大

不要搭载太多的东西，以免跑不动。不要盲目追求做大，做强是第一优先级的。瞄准世界未来的架构，引领行业和客户前进。减少定制，这样才不会拖住大队伍前进的步伐。

——2019年4月17日 任正非在ICT产业投资组合管理工作汇报时的讲话《不懂战略退却的人，就不会战略进攻》

73 要做到世界第一

希望大家明白，我们必须做到世界第一，世界第二就可能活不下来。但是，要做到世界第一，理论上就要有突破。因此，当世界上出现混乱、大公司调整的时候，我们要去吸纳优秀人才，让天下英才为我所用，坚定不移地在这几年奠定理论基础和技术基础。每个国家都有不同的特点，要充分发挥当地优势。

——2019年4月17日 任正非在ICT产业投资组合管理工作汇报时的讲话《不懂战略退却的人，就不会战略进攻》

74 产业组合要均衡

华为的产业组合要均衡。既要有短周期的智能终端，更要有中周期高黏性的联接和计算业务，同时我们也要有相对长周期的车联网业务，但总体上要围绕华为三十年来构筑的ICT核心技术布局。要聚焦、要坚持做强产业，而不是做广产业。

ICT产业是华为总体产业组合的基座，是华为得以持续发展的基础。ICT产业充满着机会，ICT团队要抓住5G、人工智能、云等新技术带来的产业变迁机会，积极进取。我们的目标就是成为ICT产业的领导者，要做就做世界第一，为人类社会发展做出贡献。

——2019年4月17日 任正非在ICT产业投资组合管理工作汇报时的讲话《不懂战略退却的人，就不会战略进攻》

75 把本职工作做好

华为的战略定位就是一家商业公司，期望商业上能成功，没有其他战略定位。如果做其他方面，没有能力就不可能成功。所以，我们收缩在一个合理的能力面上，在这个面上我们争取能成功。

面对当前情况，每个人都要以做好自己的本职工作为中心，我们二十多万人，每个人的本职工作叠加在一起，就是一个完整的体系。

我们不需要每个员工都去阅读公司的总战略，不要关注太大的事情，"不在其位，不谋其政"，没有处在一定的位置，读了也不一定理解。如果天天跟你的主管高谈阔论，他还可能在末位淘汰时给你穿小鞋。也许你是天才，但是他听不懂。而且，年轻人要多服从你的领导，多与你的团队合作，踏实做好本职工作，小事做不好，怎么证明你能做大事呢？有大的想法，可以在喝咖啡时胡侃，如果听众都走光了，你是不是梵高呢？战略是太复杂的问题，几句话是讲不清的，你积累到一定时候，一定会心领神会，一定有能力参与，今天还是踏踏实实做好本职工作，一步一步地爬上楼。

对于每个人来说，适应你的岗位，提高业务技能，搞好周边协同关系，把本职工作做好，这才是最重要的。

——2020年8月31日 任正非在与战略预备队学员和新员工座谈会上的讲话《你们今天桃李芬芳 明天是社会的栋梁》

76 看看别人的那盘"菜"

崔（固定网络领域）：在本职工作和专家委员会之间，我们的专家如何分配精力？

任正非：我认为，不涉及精力分配的问题。如果你是学光的，就沿着光的路线走下去，我认为没有错误。但你用学光的眼睛横向看一下别人，行不行？就像你吃饭时也不是只盯着一盘菜。为什么要搞稼先社区、各种委员会？专家比较专业，但稼先社区涉及的领域比较宽，你看看别人"盘子"里的"菜"能不能吃，你想吃，也许就借鉴过来了。比如，煤矿如何解决运输皮带机故障告警的问题？光纤放到皮带机底下，皮带机一震动，光纤就感知到了，传到地面。我们采用MEMS导航，结合精确寻北技术，实现了矿井下综采面割煤机液压支架长时间找直，定位在0.1米的精度，这不就是跨界吗？我们有很多东西在井下，从井下往井上走的时候，我就问了矿长：井下的无线电有没有管制？矿长打电话给无委会，无委会说没有管制文件。后来我在上海就说把上行、下行反过来做，井下就可以传更多路的高清数据到地面，我们就用数字拼接的方法，使作业面全景可视和远程操控，实现了井下无人开采。所以，你一心一意盯着主业，我们是支持和理解的。至于精力分配的百分比是多少，你晚上睡觉前花十分钟看看别人的那盘"菜"，行不行？

——2022年 任正非在与专家委员会秘书处座谈会上的讲话

77 不要超出主航道

项目必须在一个边界内，如果超出主航道的边界，我们是不支持的。Idea转换成项目和产品，一定要经过对应的各级投资决策机构的评审决策，由他们来确定。我希望公司所有做的东西都应该在边界内，能在近期、远期创造价值。我们的预算还是要集中到有商业价值的领域，不是客户有需求的就是我们要做的。所以，你们的创新要有商业价值，不是有个 idea 就可以做。我们各个领域都应该有一个规划，并不是技术越高就越好，也不是 idea 越多就越好。好的 idea 的作用一定要"极简架构、极低成本、极高质量、极优体验"，如果不能对准现实需求产生价值，或者在中、长期产生价值，就不是我们关注的 idea。我们不能随意去改革，改革的最终目的是要产粮食。

——2022 年　任正非在与专家委员会秘书处座谈会上的讲话

第二章

研发

HUAWEI

01 持"祖宗之法不可变"的态度是错误的

开发系统具体的职责与工作流程让新老干部共同去讨论。对于过去的规章制度，持"祖宗之法不可变"的态度是错误的，但"变法"一定要保证科学性，要保持不断的协调，要先"立"后"破"，这样才能避免旧的已经废除、新的还未产生，制度上的真空地带引起的混乱。

——1995年1月9日 任正非在中央研究部干部就职仪式上的讲话《坚定不移地坚持发展的方向》

02 失败的后果不堪设想

郑宝用同志从40门交换机做起，又做生产工人，又去前线装机。一个搞激光的外行，经历摸索后，大胆地提出瞄准世界最先进水平，赶超AT&T5号机，又碰到任正非这个"傻子"，他们多么像现代的堂·吉诃德。C&C08成功后，他在拉斯维加斯参观完展览，在电话里跟我说，回想起来，全身发抖。全世界没有我们这么搞科研的，同时采用这么多新技术，没有样机借鉴，一步到位地从头设计，幸亏我们成功了，若是失败了后果真不堪设想。

——1995年12月26日 任正非在1995年总结大会上的讲话《目前我们的形势和任务》

03 公司要保证按销售额的10%拨付研究经费

我们要建立一个产品战略发展研究体系，产品中央系统规划与集成研究系统、中间试验系统互相平行，符合大公司战略的三大研究体系。公司要保证按销售额的10%拨付研究经费，而且在年成好时还要加大这种拨付。坚定不移发展十年，初步建成具有世界先进水平的科研体系。产品战略研究要站在时代的高度，要高瞻远瞩、脚踏实地；要在基础研究上，公共资源的研究与管理上，人才的战略培养上，博导、硕导的支助预研上，在对有创意尚不成熟的半成品研究成果的收购上，先进的产品技术的引进上，进行大胆而精密的系统工程研究；要造就和培养一批优秀分子，培养一批目光远大、思想敏锐、没有失败的压力和包袱，有着充足的资金"浪费"，不干绝对有把握成功的项目，敢于打破常规，敢于走别人没有走过的道路的"科学疯子""技术怪人"，把华为从技术创造引上思想创造。

——1995年12月26日 任正非在1995年总结大会上的讲话《目前我们的形势和任务》

04 确定目标，组织会战

中央产品研究系统，要集中精力在确定的近期目标上组织会战。要加快加大分层结构建设、目标考核管理，要用08机均匀分担话务负荷、内存映射等技术借鉴，建设自己的科研组织，机器能做到的，人也一定可以做到。只有分层管理软件的开发，才能加快新品开发的速度和提高软件的质量，要扩大研究骨干的培养，不断地选择和保留研究的种子，不断地输送人才，部分科研人员要随项目一起流动，要培养一批只精通很窄一段技术的专家。

——1995年12月26日　任正非在1995年总结大会上的讲话《目前我们的形势和任务》

05　解放开发，指导生产，支援市场

我们要十分重视新产品、器件及工艺的品质论证和中间试验环节。要把中试部提高到中央研究部的目标和定位来建设，要尽快地建立一个装备精良、员工经过全面培训、具有百折不挠的作风、有较高素质与丰富经验的优秀专家组成的大型试验中心。要通过不断的品质论证，提高产品的可靠性，长年累月地开展容差设计试验，改进工艺降低产品成本，提高产品的使用性能和工程指标，通过对器件和工艺不断地实验和积累，极大地缩短产品进入商品化的周期，抢占市场先机。"解放开发，指导生产，支援市场"是中试部的最好描述。

——1995年12月26日　任正非在1995年总结大会上的讲话《目前我们的形势和任务》

06　要大量起用年轻人

我们将开放科研，将产品优化的一部分内容，转入中试进行并跟踪。中央研究部将大量使用窄带专家，大量起用年轻人，大胆地、创造性地、敏锐地在参数设计上突破。中试部大量容纳的是宽带专家，有极丰富的知识、极广泛的经验，有一把什么产品都能试验的大筛子，

帮助年轻不足的产品走向商品化。他们大量起用的是成熟一些的年轻人。中试产品，不要中试人，它将担负起向中央研究部、市场部、生产质量管理系统输送骨干的使命，它将继"西乡军校"之后，成为华为的将校学院。我们在进行产品中试的同时，连同它生产必须使用的专用设备的研制一同中试完成。

——1995 年 12 月 26 日　任正非在1995年总结大会上的讲话《目前我们的形势和任务》

07　要有奋斗意识

因此，华为公司的发展要不断扩大队伍，不断让优秀的人进来，进入这个集体奋斗的平台，使这些人创造越来越多的成果。我们今天还很小，有了一点点突破。我们想一想，这两年如果我不逼着大家拼命进人，造成这个环境，08 机现在正好被淘汰。如果两年前，我们稍有停步，今天就是判处我们"死刑"的时候。只有不断地在科学技术上刷新、领先、扩大领域，我们方能不败，毕竟我们面对的是世界著名的公司，科学技术越来越复杂、越来越庞大，也就越来越需要群体奋斗。我们服务系统有没有群体奋斗？要进行群体奋斗意识教育，如果没有群体奋斗意识，没有添砖加瓦的意识，就搞不好工作。

——1996 年 6 月 8 日　任正非在行政系统员工对话会上的讲话《要树立服务意识、品牌意识、群体意识》

08　品质管理，不能急于求成

华为的品质工作曾经走了两大弯路，最早非常重视品管，给了品管很高的地位。但是由于没有建立完善的流程管理和规章制度，各方面工作都没有规范化，造成生产部与品管部一直协调不好，关系没有厘清、理顺，越理越乱，以致行动不了了，所以又合成了一个机构。到了今天，在围绕一个总的质量目标的共同努力下，华为对ISO9000已初步进行了贯彻和执行。因此，品质部门作为支持制造系统的支柱，独立出来的可能性已经客观存在。下一阶段在公司的整个体制改革中，要将品质、计划和文件作为三个支柱来支持制造系统。同时，又划分有线制造模块、无线制造模块、电源制造模块等几大模块。这样品质部门就独立成了一个体系。

先循序渐进地建立独立的品质体系，再进行全面质量管理，不能急于求成。否则，既没搞好全面质量管理，也可能没搞好产品制造，还没有建设好干部队伍。所以，在这个问题上应分两步走：先作为一种支撑从制造系统独立出来，先把产品制造和售后服务跟踪好；然后逐步延伸，逐渐覆盖全公司。要抓好两头检验、控制中间的生产流程，建立产品的长期跟踪体系。

——1996年11月13日 任正非在品质系统工作会上的讲话《做好基础工作，逐步实现全面质量管理》

09　品质管理是基础的重要信念

关于体系的建成，比如，系统质量监控体系、目标质量的管理、质量成本等，应该多举办一些质量联席会议、研讨会等，然后不断地产生论文。我们在人力资源管理上鼓励所有的员工向优秀员工靠拢，优秀员工的评价讲究敬业精神等，这也有利于质量管理的成长。所以在这样的大环境下，质量体系的确立要有利于民间的学术组织。可以申请活动经费，要让质量活动从质量部门跳出来，扩展到各个部门的志同道合者中去。如果想长期把工作做好，不管做哪一个行业，品质管理都是基础的、重要的品质信念。所以，刚才提出的系统质量监控体系、目标质量的管理、质量成本等，都可以通过联席会议、研讨会形式进行，将少数专家的监控变为大家的全员监控。

——1996 年 11 月 13 日　任正非在品质系统工作会上的讲话《做好基础工作，逐步实现全面质量管理》

10　不要"封闭情结"，要开放

中央研究部要特别重视企业文化建设。中央研究部的劳动个人化与工作群体化之间是有矛盾的，这种矛盾的解决要从工作出发。他们的软件手册、硬件手册都是一些有共性的东西，故培训工作应该首先抓这些东西。中研部与市场部不一样，市场部在外打市场，只有手拉手才能成功；中研部的人要面对屏幕修道很多年，容易形成"封闭情结"，所以要多开展活动，强迫他们开放，不断地再社会化。

——1996 年 11 月 21 日　任正非在人力资源部培训工作汇报会上的讲话《培训——通向华为明天的重要阶梯》

11　更多前瞻性，构筑长期胜利

我们要抓住这个机会，就一定要加大对平台的投入力度，确保竞争优势。我希望把深圳建成一个平台研发机构，而把一些产品研发机构迁到研究所去。我们一定要在平台建设上有更多的前瞻性，以构筑长期的胜利。但研发现在对平台的投入还不足，原因是我们的管理水平（有限），不知道往哪里投钱，如果我们不能把钱很好地花出去，说明没本事。我们的产品研究所，以及应用研究所，都要更加灵活、开放，更加在可维护、可工程上做文章，一定要做到世界上最优、最好、最灵活、最合算。

——2010年8月26日 任正非在2010年PSST体系干部大会上的讲话

12 检讨昨天，规划明天

毛泽东同志说过，人类历史就是一个不断从必然王国走向自由王国的历史，人类必须不断地总结经验，才能有所发明、有所创造、有所前进。各级干部、各个部门都必须不断地检讨昨天、规划明天。紧紧围绕目标导向，不断优化自己的工作。

——1997年 任正非在机关干部下基层，走与生产实践相结合道路欢送会上的讲话《自强不息，荣辱与共，促进管理的进步》

13 让务实的人参加务虚，让务虚的人循环去务实

让务实的人参加务虚，让务虚的人循环去务实，让一代中、高级技术人员与管理干部在流动中成长，通过这种传输方式，使基层的血液不断流动，带去新的能量和管理方法，提升管理水平，使优秀人员的思维在实践中自我认识、自我优化。

——1997年 任正非在机关干部下基层，走与生产实践相结合道路欢送会上的讲话《自强不息，荣辱与共，促进管理的进步》

14 多点求助，少点个人奋斗

我们要深入地理解矩阵管理是一个求助系统，求助才是利用公司

资源、开展群体奋斗的好形式。不会使用求助系统的人，实质上还是在个人奋斗。求助没有什么不光彩的，做不好事才不光彩。积极主动、有效地求助，是调动资源、利用资源、实现目标的动力。积极、有效、无私地支援是低成本实现目标的最优管理。使资源充分发挥效能，需要文化氛围来启发人们共同奋斗的信念，并约束人们按规定支援。不能提供良好服务的部门主管，必须辞职。

——1997 年　任正非在机关干部下基层，走与生产实践相结合道路欢送会上的讲话《自强不息，荣辱与共，促进管理的进步》

15　集中优势兵力，完成研究

在混沌中寻找战略方向，抓住已从混沌凝结成机会点的战略机会，迅速转向预研的立项。逐步聚集资源、人力、物力进行项目研究，集中优势兵力一举完成参数研究，同时转入商品性能研究。在严格的中试阶段，紧紧抓住工艺设计、容差设计、测试能力，使成果更加突出商品特性。我们要以产品为中心，以商品化为导向，打破部门之间、专业之间的界限，组织技术、工艺、测试等各方面参与的一体化研发队伍，优化人力、物力、财力配置，发挥团队集体攻关的优势，一举完成产品功能与性能的研究。紧紧抓住试生产的过程控制与管理，培养一大批工程专家，进一步强化产品的可生产性、可销售性研究试验。为产品研究人员进行中试提供多种筛子，使产品经理受到真枪实弹的考验。没有中试、生产与技术支援经验的人，将逐步不再担任大型开发的管理职务。从难、从严、从实战出发，在百般挑剔中完成小批量试生产。在大批量的投入生产之后，严格跟踪用户服务，用一两年时间观察产品的质量与技术状况，完善一个新商品诞生的全过程。将来研究系统的高级干部，一定要经过全过程的锻炼成长。

——1997年 任正非在机关干部下基层，走与生产实践相结合道路欢送会上的讲话《自强不息，荣辱与共，促进管理的进步》

16 培养狼的精神

我用一个典型的例子来说明：狼是很厉害的，它有灵敏的嗅觉，有很强的进攻性，而且它们不是单独出击，而是群体作战，前仆后继、不怕牺牲。这三大精神，就构成了华为公司在新产品技术研究上领先的机制。我们按这个原则来建立我们的组织，因此即使暂时没有狼，也会培养出狼，或吸引狼加入我们中间来。也就是说，我们事先并不知道谁是狼，也不可能知道谁是狼，但有了这个机制，好狼也会主动来找我们，有了一匹好狼，就会有一群好的小狼。

——1997年 任正非与HAY专家在任职资格考核会上关于研究部分的对话《建立一个适应企业生存发展的组织和机制》

17 不断培养新时代的"狼"

因为人类社会日新月异，我还不清楚未来的世界会有什么样的变化。对于我来说，就是要建立一个适合狼（开发人员）生存的组织构架和机制。即使第一代狼不行了，第二代狼也出来了。

——1997年 任正非与HAY专家在任职资格考核会上关于研究部分的对话《建立一个适应企业生存发展的组织和机制》

18 要不断给新人成长空间和成长机会

我们也不知道谁最好，也不能肯定哪一代人最好，但我们只要建立一个适合狼的机制，新狼就会不断找上来或被培养出来，总会有一匹狼的鼻子嗅准了未来的信息世界。因此，我们在用人制度上不能因循守旧，要不断给新人成长空间和成长机会。

——1997 年　任正非与 HAY 专家在任职资格考核会上关于研究部分的对话《建立一个适应企业生存发展的组织和机制》

19　小狼有大作为

现在我们有一个明确的任务：未来信息世界的发展变化速度非常之快，不一定是老狼，不一定是最有经验的狼，也不一定是有国际水平的狼才能发现这个世界，很可能是一匹小狼突然发现了食物，然后带领所有的狼去捕捉食物。这匹小狼是谁呢？美国是比尔·盖茨，中国呢？当然也有。

——1997 年　任正非与 HAY 专家在任职资格考核会上关于研究部分的对话《建立一个适应企业生存发展的组织和机制》

20　狼的天性是合作

我们还要培养、寻找更多好的小狼。112 是我们宽松管理下出现的小狼，未来还要研究拥有先进思想、充满个性的人，怎样进行群体合作。许多优秀的狼不合作，就是狼吃狼，那样狼的目标不是扩张，而是霸住自己的家。它已不是狼，狼的天性是合作。

——1997 年　任正非与 HAY 专家在任职资格考核会上关于研究部分的对话《建立一个适应企业生存发展的组织和机制》

21 围绕核心技术和核心产品

我们的发展战略是集中力量于电子信息领域,其他领域我们不涉足。所以,我们开发的很多产品和技术,实质上还是围绕一个核心技术和核心产品。如果涉足我们不熟悉的和不拥有资源的领域,华为公司是非常危险的。那时我们不是老鼠了,而是一只很笨很笨的小乌龟,被大象一踩就没了。因此,我们现在开发的产品很多,但相关性非常强。

——1997 年　任正非与 HAY 专家在任职资格考核会上关于研究部分的对话《建立一个适应企业生存发展的组织和机制》

22 市场不是母亲,没有耐心,也没有仁慈

我们的产品研究队伍,从中研到中试、从北研到上研、从信息到电源,是如此的年轻、生机蓬勃。他们包袱最少,敢想敢为,在较短的时间内,把产品的水平提高到国际先进水平。但是,年轻也是我们最严重的缺陷,好奇心代替了成熟;重视成果,轻视文档,特别是轻视状态文档(生产指导文件、检验文件、用户指导书、培训教材、故障处理路标……),还十分严重。重视技术、功能的开发,轻视可生产性、稳定性、可靠性的默默无闻的劳动;面向客户还是面向未来,在价值评价体系上还未根本解决……与竞争对手相比差距仍然巨大。研究人员严重缺少成本意识,以为还在学校写论文,填词作画,忘了是在进行商品的设计、试验,还没有深刻地意识到产品研究要对行销、技术支援、成本质量负责任。幼稚还体现在复杂的产品做得十分好,而同类技术应用在简单地方却如此之差,远远不是科学的商人,这种不成熟性,处处展示着公司的危机。年轻也不是我们原谅自己的理由,

微软同样年轻，为什么人家做得好而我们做不到。市场已没有时间等待我们的成长，它不是母亲，没有耐心，也没有仁慈。我们必须而且也只能，从今年起，推行产品的市场验收标准，这就是日本的低成本、德国的高稳定性、美国的先进水平，只有同时达到这三项标准，才有可能与国际著名公司竞争。新的产品研究体系的特点：一要保持持续领先；二要以客户的价值观为导向，强化客户服务，追求客户满意度。

——1998年　任正非《狭路相逢勇者生》

23　战斗力来自管理

先进的武器，并不一定代表战斗力，战斗力还是来自管理。我们是否推行了质量否决制；是否全体职工极其认真负责；是否效率与质量同步前进；是否使管理流程得到优化，并不断在优化；每个员工的基本功是否在不断地演练，是否真正熟能生巧。摆在我们年轻管理员面前的是一大笔生命账单，您追赶国际先进水平，不付出人生代价是不行的。一切愿意进步的员工，都应付出您的热情、执着与认真。只有苦心追求，才会成功。

——1998年　任正非《狭路相逢勇者生》

24　技术领先战略

IBM明确技术领先战略，贝尔实验室更是如此。所有美国高科技公司的宗旨无不如此，没有一家公司提出跟在别人后面，模仿的战略是不会长久的。

——1998年　任正非《我们向美国人民学习什么》

25 人类难预测科学发展之迅猛

在贝尔实验室,我们首先听取了他资深技术主管玛丁的报告,我们主要与之讨论预测问题,华为在战略管理与项目管理上一直矛盾重重,理不顺、理又乱。玛丁开玩笑地讲了几项著名的预测。

"电话作为一种通信工具,有许多缺陷,对此应加认真考虑。这种设备没有价值。"——西欧联盟 1876 年

"我认为世界市场上有可能售出五台计算机。"——托马斯·沃特森 IBM 主席 1943 年

"未来计算机的重量可能不会超过 1.5 吨。"——大众机械杂志 1949 年

"无论对谁来说,640K 内存都足够了。"——比尔·盖茨 1981 年

玛丁介绍了一系列重要的对未来的预测,例如,到 2010 年,0.07 微米芯片会实用化,达到硅的可能达到的最高极限。其单芯片容量可达到 40 亿只晶体管。2000 年后光纤单芯容量达 120G,波分复用系统开始实用。2005 年无线接入的环路成本将低于有线接入。当然也许后人也会将此预测纳入笑料。

——1998 年 任正非《我们向美国人民学习什么》

26 靠研发创造机会

贝尔实验室里亚洲人占 11%,其中华人为多数,有许多人取得了重大的成就。我们访问的所有公司都十分重视研发,而且研发要对行销、技术支援、成本与质量负责任,与我国的研发人员仅注意研发有

较大的区别。

IBM 每年约投入 60 亿美元的研发经费。各个大公司的研发经费都在销售额的 10% 左右，以此创造机会。我国在这方面比较落后，对机会的认识往往产生在机会出现以后，做出了正确判断，抓住机会，取得了成功，华为就是这样的。而已经走到前面的世界著名公司，他们是靠研发创造出机会，引导消费。他们在短时间席卷了"机会窗"的利润，又投入创造更大的机会，这是他们比我们发展快的根本原因。华为 1998 年的研发经费将超过 8 亿元人民币，并开始搞战略预研与起步基础研究，由于不懂，也造成了内部的混乱。因此，这次访美我们重在学习管理。学习一家小公司向规模化转变，是怎么走出混沌的。

——1998 年　任正非《我们向美国人民学习什么》

27　不要老想一鸣惊人

你们认为这个世界上最伟大的科研成果是什么？我说是都江堰。几千年了，都江堰到现在还在发挥着作用，它难道不是最好的科研成果吗？大家想一想，从现在起再过几千年还有 C&C08 吗？我去过巴比伦，我看到那些哺育了古代两河流域的巴比伦引水渠道早已成为沙漠，古罗马的灌溉水渠也早已荒废。只有都江堰还灌溉着川西平原，养育了中国西南一方土地。所以说李冰父子是很伟大的，他们的精神是值得我们学习的。我想华为公司的员工应该向李冰父子学习，要踏踏实实地做事，不要老是想着做出一个一鸣惊人的东西来。

——1998 年　任正非在中研部"品格的成熟铸就产品的成熟"交流会上的讲话《希望寄托在你们身上》

28 产品被人们承认才是商品

西方的管理哲学其内涵有很多非常好的地方值得我们学习。比如西门子，它的机器虽比我们落后但比我们稳定，所以很好卖。我们一定要努力地认识一点——什么叫伟大的科研成果。一定要认识！就比如唱歌，我想不管是什么歌曲，不管其作者是多么伟大的作曲家、歌唱家，只有那些流传下来的被人们广为传唱的歌才是真正的好歌，至于那些得奖却未能流传下来的根本不是什么好歌。我讲的道理很清楚，产品最终只有长久地被人们承认，才能算是真正的商品，否则不是。

——1998年 任正非在中研部"品格的成熟铸就产品的成熟"交流会上的讲话《希望寄托在你们身上》

29 从牙缝中省出研究经费

坚持按大于10%的销售收入拨付研究经费。追求在一定利润水平上成长的最大化。我们必须达到和保持高于行业平均的增长速度和行业中主要竞争对手的增长速度，以增强公司的活力，吸引最优秀的人才，实现公司各种经营资源的最佳配置。在电子信息产业中，要么成为领先者，要么被淘汰，没有第三条路可走。

我们始终坚持以大于10%的销售收入作为研发经费。公司发展这么多年，员工绝大多数没有房子住，我们发扬的是大庆精神，先生产、后生活。而在研发经费的投入上，多年来一直未动摇，所有员工也都能接受。有人问过我："你们投这么多钱是从哪儿来的？"实际上是从牙缝中省出来的。我们的发展必须高于行业平均增长速度和行业主要竞争对手的增长速度。过去每年以100%的增长速度发展，以后基数大了，速度肯定会放慢，那么以怎样的速度保持在业界的较高水平，这对我们来说是个很大的挑战。我们通过保持增长速度，给员工提供了发展的机会；公司利润的增长，给员工提供了合理的报酬，这就吸引了众多的优秀人才加盟到我们公司来，然后才能实现资源的最佳配置。只有保持合理的增长速度，才能永葆活力。

——1998 年　任正非向中国电信调研团的汇报以及在联通总部与处级以上干部座谈会上的发言《华为的红旗到底能打多久》

30　小改进、大奖励，大建议、只鼓励

公司实行小改进、大奖励，大建议、只鼓励的制度。能提大建议的人已不是一般的员工了，也不用奖励，一般员工提大建议，我们不提倡，因为每个员工要做好本职工作。大的经营决策要有阶段的稳定性，不能每个阶段大家都不停地提意见。我们鼓励员工做小改进，将每个缺憾都弥补起来，公司也就有了进步。所以我们提出小改进、大奖励的制度，就是提倡大家做实。不断做实会不会使公司产生沉淀呢？我们有务虚和务实两套领导班子，只有少数高层才是务虚的班子，基层都是务实的，不能务虚。务虚的人干四件事：一是目标，二是措施，三是评议和挑选干部，四是监督控制。务实的人首先要贯彻执行目标，调动利用资源，考核评定干部，将人力资源变成物质财富。务虚是开放的务虚，大家都可畅所欲言，然后进行归纳，所以务虚贯彻的是委员会民主决策制度，务实是贯彻部门首长办公会议的权威管理制度。

——1998 年　任正非向中国电信调研团的汇报以及在联通总部与处级以上干部座谈会上的发言《华为的红旗到底能打多久》

31 基础研究非常重要

没有基础技术研究的深度，就没有系统集成的高水准；没有市场和系统集成的牵引，基础技术研究就会偏离正确的方向。

我们一定要搞基础研究，不搞基础研究，就不可能创造机会、引导消费。我们的基础研究是与国内大学建立联合实验室来实施的。我们的预研部，只有在基础研究出现转化为商品的机会时，才会大规模扑上去。

——1998 年　任正非向中国电信调研团的汇报以及在联通总部与处级以上干部座谈会上的发言《华为的红旗到底能打多久》

32 资本只有依附于知识，才能保值和增值

知识经济时代，企业生存和发展的方式发生了根本的变化。过去是资本雇佣劳动，资本在价值创造要素中占有支配地位。而知识经济时代是知识雇佣资本，知识产权和技术诀窍的价值和支配力超过了资本，资本只有依附于知识，才能保值和增值。

——1998 年　任正非向中国电信调研团的汇报以及在联通总部与处级以上干部座谈会上的发言《华为的红旗到底能打多久》

33 不创新是最大的风险

过去人们把创新看作冒风险，现在不创新才是最大的风险，创新是民族之魂。社会上对我们有许多传闻，为我们的经营风险感到担忧，只有我们自己知道实际是不危险的，因为我们每年的科研和市场的投入是巨大的，蕴含的潜力远大于表现出来的实力，这是我们敢

于前进的基础。公司十分注重内部管理的进步。我们把大量的有形资产变成科研成果和市场资源，虽然利润暂时下降了，但竞争力增强了。

——1998年　任正非向中国电信调研团的汇报以及在联通总部与处级以上干部座谈会上的发言《华为的红旗到底能打多久》

34　一点一滴改进

我们追求持续不断、孜孜不倦、一点一滴的改进，促使管理不断改良。只有在不断改良的基础上，我们才会离发达国家著名公司的先进管理越来越近。

我们坚定不移地推行绩效改进的考评体系，坚决实行减人增效涨工资的政策。随着我们的发展，工作总量越来越大，但人员的增长要低于产值与利润的增长。每一道工序、每一个流程，都要在努力提高质量的前提下提高效益，否则难以维持现行工资不下降。

——1998年　任正非在公司品管圈活动成果汇报暨颁奖会上的讲话《小改进、大奖励》

35　不要标新立异

"神奇化易是坦途，易化神奇不足提。"数学家华罗庚的这一名言告诫我们，不要把简单的东西复杂化，而要把复杂的东西简单化。那种刻意为创新而创新，为标新立异而创新，是我们幼稚病的表现。我们公司大力倡导创新，创新的目的是什么呢？

创新的目的在于所创新产品的高技术、高质量、高效率、高效益。从事新产品研发未必就是创新，从事老产品优化未必不能创新，关键在于我们一定要从对科研成果负责转变为对产品负责，要以全心全意对产品负责实现我们全心全意为顾客服务的华为企业宗旨。

——1998年 任正非在欢送华为电气研发人员去生产用服锻炼酒会上的讲话《全心全意对产品负责 全心全意为客户服务》

36 从对科研成果负责转变为对产品负责

"从对科研成果负责转变为对产品负责"这个口号是怎么来的呢？从龙岗基地建设中，我们确知外国设计院的设计费虽然很贵，但他们是对工程负责，而我们国内的设计院只对图纸负责。我们公司的研发人员以前正是只重视对科研成果负责而缺少对产品负责，才造成现在的不少问题，所以我们明确地提出了这个口号。后来我们到IBM等公司去考察，发现西方公司的产品经理也是深入产品过程的每个环节中去，也是对产品负责。现在在座的所有人都须对产品负责，产品犹如你的儿子，你会不会只是关心儿子的某一方面？你不会吧。一个产品能生存下来，最重要的可能不是它的功能，而是一颗螺丝钉、一根线条，甚至一个电阻。因此，只要你对待产品也像对待你的儿子一样，我想没有什么产品是做不好的。以前我们走了不少弯路，我们现在已采取了对产品负责的方针。

——1998年 任正非在欢送华为电气研发人员去生产用服锻炼酒会上的讲话《全心全意对产品负责 全心全意为客户服务》

37 尽量引用成熟技术

如果我们人人都必须完成认识的全循环，那么我们同发达国家的公司相比一点优势也没有了。为什么呢？前人已经做了错事，走了那么多弯路，认识到今天的真理，我们却不去利用，要去重新实践，自然就浪费了我们宝贵的青春年华！因此，我们要站在巨人的肩膀上，站在世界发达国家先进公司已经走过的成功经验、失败教训的基础上前进，这样我们就占了很大便宜，我们的生命就能放射光芒。我们提出了在新产品开发中，要尽量引用公司已拥有的成熟技术，以及可向社会采购的技术。利用率低于70%，新开发量高于30%，不仅不叫创新，而且是浪费，它只会提高开发成本，增加产品的不稳定性。

——1999年2月8日 任正非在"创业与创新"反思总结交流会上的讲话《创业创新必须以提升企业核心竞争力为中心》

38 研发要对事物有敏锐认知

一个人不是知识越渊博越好，而是一定要看破这个红尘。发明往往并不是知识渊博的发明，而是对事物敏锐认识的发明。一个老产品如果99.99%的软件是很好的，只有一点不稳定，一个人如果能做出这一点稳定，就说明他对那99.99%了解得很透彻，否则他是找不出来这一点的。从知识论、认识论来说，后面解决问题的人是高水平，而绝非低水平。因此，认识论主要是对认识的深刻程度，表面认识到的很多东西是字典、图书馆的，字典和图书馆的确很有知识，但它没有创造性。华为公司有这么好的氛围，研究系统有这么快的反应机制，我认为我们今天的青年，应珍惜这个机会。

——1999年2月8日 任正非在"创业与创新"反思总结交流会上的讲话《创业创新必须以提升企业核心竞争力为中心》

39 对人类社会和对现实生活有意义,才是有用的东西

意大利巴斯特发现好好的啤酒为什么会变酸,后来将啤酒用高温煮了以后封装就不会变酸,通过反复研究认识到是高温将细菌杀死了。这是一个简单的方法,却拯救了整个人类。当时用这个方法,防止了细菌感染,死亡率大幅度下降,这是人类划时代的发明。所以,任何一个发明不是你转了多少个弯,搞了多少标新立异,出了多少自我设想的东西,而是对人类社会和对现实生活有意义,才是有用的东西。

——1999 年 2 月 8 日　任正非在"创业与创新"反思总结交流会上的讲话《创业创新必须以提升企业核心竞争力为中心》

40 先坐下来搞文档和做系统分析,再去做软件

现在我们埋头做软件,却没有印度做得好。软件的高水平和低水平间其实并没有什么严格的差距,只是工作方法和工作习惯的差别。到底软件是边做边想边优化呢,还是先把软件研究好了,系统规划好了,文档做出来了,再去写软件?这是两个根本问题。中国人的特点是先上路,边做边想;外国人的特点是先坐下来搞文档和做系统分析,再去做软件。我们不习惯该怎么办?只有自我批判,吸收业界最佳的工作方法。

——1999 年 2 月 8 日　任正非在"创业与创新"反思总结交流会上的讲话《创业创新必须以提升企业核心竞争力为中心》

41 推动有序的、有价值的创新

中国人的劣根性之一就是永远不愿规范,盲目创新是他们不灭

的灵魂。中国人老是想这个会了，再搞搞那个，好奇心是中国人的特征。我们推行规范化管理后，中国人的创新精神仍是压也压不住的火花，不过创新不像以前那么幼稚了，而是有序的、有价值的创新。

——1999年2月8日　任正非在"创业与创新"反思总结交流会上的讲话《创业创新必须以提升企业核心竞争力为中心》

42　把出风头、没有进步、不理解改革内涵的人赶走

创新一定要在理解的基础上创新，而不是在没有完全理解以前就表明一些东西，你那是在出风头。那些长期理解不了的人，不能理解IBM的IPD改革的内涵，就请他出去，我们这个小组不是终身制。我们的核心项目小组一定要流动：一定要走掉一些人，一定要进来一些人。不要把机会全留给这些标新立异者、思想怠惰者。

——1999年4月17日　任正非在IPD动员大会上的讲话

43　发错货少一点，公司的核心竞争力就提升一点

大家应该认识到，"小改进、大奖励"对我们华为公司来说，将是一个长远的政策，而不是一个短期的政策。为什么呢？我们最近研讨了什么是企业的核心竞争力，什么是企业的创新和创业。创业，并非最早到公司的几个人才算创业，后来者就不算创业。创业是一个永恒的过程，创新也是一个永恒的过程，核心竞争力也是一个不断提升的过程。大家可以想一想，发错货少一点，公司的核心竞争力不就提升一点了吗？订单处理速度提高30%，我们的整个业务运行速度不就提

高30%了吗？这些都有利于核心竞争力的提升。

——1999年　任正非在第二期品管圈活动汇报暨颁奖大会上的讲话《在实践中培养和选拔干部》

44 "小改进"要以提升核心竞争力为总目标

小改进、大奖励，但重要的是"小改进"，大家不要太关注大奖励。我们现在要推行任职资格考评体系，因此，你的每一次"小改进"，都是向任职资格逼近了一大步，对你一生是大奖励，让你受用一辈子，它将给你永恒的前进动力。我们坚持"小改进"，就能使我们身边的工作不断地优化、规范化、合理化。但是，对于坚持"小改进"的进一步，如果我们不提出以核心竞争力的提升为总目标，那么我们的"小改进"就会误入歧途。比如，我们现在要到北京去，我们可以从成都过去，也可以从上海过去，但是最短的行程应该是从武汉过去。如果我们不强调提升公司核心竞争力是永恒的发展方向，我们的"小改进"改来改去，只顾自己改，就可能对周边没有产生积极的作用。那就是说，我们的"小改进"实际上是陷入了一场无明确大目标的游戏，而不是一个真正增创客户价值的活动。

——1999年　任正非在第二期品管圈活动汇报暨颁奖大会上的讲话《在实践中培养和选拔干部》

45 多用内部资源

我刚才看了"向日葵"圈，他们就是创新呀，因为把一个东西的不正确率大幅度降低了。他们付出了巨大努力，找到了里面的规律，就是创新。特别是我们研发系统，一个项目经理上台以后，生怕别人分享他的成果，因此，就说这个产品的所有东西都是他这个项目组研究的。那这样的人不能享受创业与创新奖，而且他不能做项目经理，他实在幼稚可笑。华为公司拥有的资源，你至少要利用到70%以上才算创新。每一个新项目下来，就应当是拼积木，只有最后那一点点才是不一样的，大多数基础是一样的。由于一些人不共享资源，导致我们很多产品进行了大量的重复劳动，根本就不能按期投产，而且投产以后不稳定。

——1999年　任正非在第二期品管圈活动汇报暨颁奖大会上的讲话《在实践中培养和选拔干部》

46　苦练基本功

生产系统目前的管理还处在一个很不成熟、非常幼稚的状态。在这一点上我认为：生产系统下一阶段最重要的工作就是不断苦练基本功，从上到下每一个员工都要苦练基本功。我讲过可以把那些插件能手放在一条生产线上去，把这条生产线的定额定下来，不怕他们超定额，不怕他们高工资，要给其他人树立一个榜样。要把一些认真负责的能工巧匠的工资提起来。我们并不怕给你们多发一点工资，但怎么才能多发呢？我认为就是你们个人的基本功要过硬。但不要一提比武就是比速度，我认为不要忽略提高质量、遵守规章、处理问题的能力。

——1999年　任正非《能工巧匠是我们企业的宝贵财富》

47　新员工要重新做人，做工程商人

问：任总您对我们新员工最想说的是什么？

答：自我批判、脱胎换骨、重新做人，做个踏踏实实的人。校园

文化与企业文化是不相同的，校园文化没有明确的商业目的，只是教会你去做人。企业文化有明确的商业目的，一切要以商品的竞争力为中心。所以你们要重新做人，做工程商人。

——1999 年　任正非答新员工问

48　有创新就有风险，但不冒险，无法活下去

有创新就有风险，但绝不能因为有风险，就不敢创新。回想起来，若不冒险，跟在别人后面，长期处于二三流，我们将无法与跨国公司竞争，也无法获得活下去的权利。若因循守旧，也不会取得这么快的发展速度。

——2000 年　任正非《创新是华为发展的不竭动力》

49　IT 业每 49 天就刷新一次

解决货源的关键，必须有强大的研发能力，能及时、有效地提供新产品。由于 IT 业的技术换代周期越来越短，技术进步慢的公司市场占有率会很快萎缩，因此迫使所有的设备制造商，必须做到世界领先。IT 业每 49 天就刷新一次，这对从事这个行业的人来说，太残酷了。华为追赶世界著名公司最缺少的资源是时间，要在 10 年内走完他们几十年已走过的路程。

——2000 年　任正非《创新是华为发展的不竭动力》

50　信息产业高速发展，给小公司留下了许多机会

信息产业进步很快，它在高速发展中的不平衡，就给小公司留下

了许多机会。不像一些传统产业，如飞机制造，它的设计理论已进入经典热力学领域，大公司充满了经验优势。而且数十年来，他们申请了无数的专利，使这种优势法律化。绕开专利，制造成本就会很高，没有竞争力。完全购买人家专利，如何能够超越？没有一场技术革命，没有新的技术突破，想要超越这些传统公司，越来越困难。而且，你没有理由一定会比他们做得好。

而信息产业不同，昨天的优势，今天可能全报废，天天都在发生技术革命。在新问题面前，小公司不明白，大公司也不明白，大家是平等的。华为知道自己的实力不足，不是全方位的追赶，而是紧紧围绕核心网络技术的进步，投注全部力量。又紧紧抓住核心网络中软件与硬件关键中的关键，形成自己的核心技术。在开放合作的基础上，不断强化自己在核心领域的领先能力。

——2000年　任正非《创新是华为发展的不竭动力》

51　要拥有自主知识产权的芯片

公司一万五六千名员工中，从事研发的有七八千人，而且四五千市场人员，又是研发的先导与检验人员。从客户需求、产品设计到售后服务，公司建立了一整套集成产品开发的流程及组织体系，加快了对市场的响应速度，缩短了产品开发时间，产品的质量控制体系进一步加强。在硬件设计中，采用先进的设计及仿真工具，加强系统设计、芯片设计、硬件开发过程、质量控制体系、测试体系的建设，并在技术共享、模块重用、器件替代等方面加大力度。尤其是在代表硬件进步水平的芯片方面，我们进行了巨大的投入。目前，公司已经设计出40多种数字芯片、几种模拟芯片，年产500万片。设计水平也从0.5微米提升到0.18微米。拥有自主知识产权的芯片，极大地提升了硬件水平，降低了系统成本。

——2000 年　任正非《创新是华为发展的不竭动力》

52　软件开发管理的难度在于测评过程

软件开发管理的难度在于其难以测评和过程的复杂性。公司坚持向西方和印度学习软件管理办法，在与众多世界级软件公司开展的项目合作中实践、优化。我们紧紧抓住量化评估、缺陷管理、质量控制、项目过程，以及配置管理等 SEI — CMM 软件能力成熟度的标准要求，持续多年进行软件过程的改善实践。目前，华为的软件开发能力有了质的进步，完全具备高质量、高效率的大型软件工程作业能力。迄今为止，已成功开发出多种大型复杂的产品系统，如 C ＆ C08 交换机、GSM、数据通信和智能网等，其软件规模均接近千万行源代码，由数千人在 2～3 年的时间跨度内，分散在不同地域协同完成。

——2000 年　任正非《创新是华为发展的不竭动力》

53　切忌创新变浪费

我们这几年来研究了很多产品，但 IBM 还有许多西方公司到我们公司参观时就笑话我们浪费很大，因为我们研究了很多好东西就是卖不出去，这实际上就是浪费。我们不重视体系的建设，就会造成资源上的浪费。要减少木桶的短木板，就要建立均衡的价值体系，要强调公司整体核心竞争力的提升。

——2001 年　任正非在科以上干部大会上的讲话《华为的冬天》

54 不要随便创新,要保持稳定的流程

我们不要把创新炒得太热,不要随便创新,要保持稳定的流程,要处理好管理创新与稳定流程的关系。尽管我们要管理创新、制度创新,但对一个正常的公司来说,频繁地变革,内外秩序就很难安定地保障和延续。不变革又不能提升我们的整体核心竞争力与岗位工作效率。变革,究竟变什么?这是严肃的问题,各级部门切忌草率。一个有效的流程应长期稳定运行,不应有一点问题就常去改动它,改动的成本会抵销改进的效益。

已经证明是稳定的流程,尽管发现它的效率不是很高,但除非我们整体设计或大流程设计时发现缺陷,而且这个缺陷非改不可,其他时候就不要改了。今年所有的改革必须经过严格的审批、证实,不能随意去创新和改革,这样创新和改革的成本太高。

——2001 年 任正非在科以上干部大会上的讲话《华为的冬天》

55 我们要做均衡发展

公司对于整个研发流程的考核一是考潜力的增长,二是考对公司的贡献。潜力的增长是对未来的贡献,现在的贡献就是收益,对整个大团队的考核必须兼顾到这两方面。对每条产品线的考核是你们来考虑,不要太偏重利润率,要明确公司给你们的目标是什么,给你们什么样的资源,要围绕目标来考核。如果说光网络今天不赚钱了,不要光网络了,结果也无法使交换机进步。公司连续十年画一个大饼给你,要保证十年这个大饼都是存在的。我们要做均衡发展,今天不赚钱的项目也要加大投入,今天赚钱的项目要加大奉献。我们希望长远地生存下去,短期生存下去对我们来说没有问题,因此,评价要从长远角

度来考虑。

——2003年 任正非在华为研委会会议、市场三季度例会上的讲话《发挥核心团队作用，不断提高人均效益》

56 要站在客户的角度研究

我们研发体系是以产品技术为基础，还是以商业模型为基础？也可能要转型了。我们要深刻认识到未来面向的网络不仅限于一个通信网，我们的核心网、接入系统未来为信息化如何提供服务，出路一定很大，因为大的信息投资者都会是今天的运营商，他们要赚钱，不会免费提供服务。掏钱投资的人一定要收到钱，否则他就不会那么积极地去推广。因此，他会选择我们的技术作为他们的支撑。我们的核心网要更加开放，形成新的思维，进入新的领域。互联网不断往新的领域走，带来了技术的透明、管理的进步，它加快缩短了各公司之间的差距。因此，未来的竞争是管理的竞争，我们要在管理上与竞争对手拉开差距。要站在客户的角度研究什么样的技术和业务应用能给客户带来收入上、利润上的好处。

2008年7月21日 任正非在地区部向EMT进行2008年年中述职会议上的讲话

57 不要闭门造车

产品规划部门要分散建在主要客户需求的地区。如果中国人包打天下，会一败涂地。我们要从依靠中国人打天下的时代，改为依靠网络对全球提供支持和支援，这样才有可能胜利。产品设计一定要贴近客户，而不是闭门造车。

——2010年12月3日　任正非与终端骨干员工座谈纪要《做事要霸气，做人要谦卑，要按消费品的规律，敢于追求最大的增长和胜利》

58　坚持再往前一步

我们要坚定不移地从战略上拿出一部分钱和优秀的人从事微基站的研究。微基站可不可以在超市中买，像手机一样用户可以自己开通？450LTE基站要不要研究？450终端成本会高，你的基站有什么用？为什么不去抢大数据流量、长线的产品？我认为，对设备厂家来说最终要把基站做成一体化的，任何频谱都可以通过技术上的转换变得方便使用。从里往外攻，或从外往里攻，攻到一定阶段可能会出来两个东西，但再往前走一步，可能就是一个东西。

——2013年9月5日　任正非无线业务会议纪要《最好的防御就是进攻》

59　要抢占世界的战略高地

我们现在要抢占世界的战略高地，无线小站还会前途无量，为什么？希望有一天小站可以摆在超市的货架上卖，让用户自己就能安装，我自己一插电源就能用。世界上懂技术的人没有多少，我们要为不懂技术的人设计产品，我们要向日本学习，我们从来没有听到日本的电视机需要有专人来开通，所有开通步骤都轻而易举就能操作。

——2014年1月5日　任正非在成研所业务汇报会上的讲话《风物长宜放眼量》

60 学习外国设计

最优质量，最易使用、安装生产和维护，最低的成本架构。挑战极大，你们的"刺刀"对准的是自己的胸口，大胆试验，勇于创新，革自己的命，就是革整个网络的命。比如，日本电视机的设计就是容差设计，他们并不是每个元器件都是最优的，但整体却是最优的。我们5G基站为什么不能达到电视机的水平？容差设计就是合理成本架构。

——2018年 任正非在上海研究所5G业务汇报会上的讲话《坚持多路径、多梯次、多场景化的研发路线，攻上"上甘岭"，实现5G战略领先》

61 研发不要讲故事、要预算

如何打赢一场仗，胜利是我们的奋斗目标。研发不要讲故事、要预算，已经几年不能称雄的产品线要关闭，做齐产品线的思想是错的，应是做优产品线，发挥我们的优势，形成一把"尖刀"。我们不优的部分，可以引进别人的来组合。终端推行"一点两面、三三制、四组一队"取得了一些经验，是正确的、成功的。关键是一点，我们要聚焦成功的一点，不要把面铺得太开。铺开了就分散了力量，就炸不开"城墙口"，形不成战斗力，这是"鸡头"在作怪。内地感觉不到"硝烟"，"鸡头"林立，故事很多，预算集中度不够，我们没有时间了，要和时间赛跑，力量太分散了，跑不赢。

我们不管身处何处，要看着太平洋的海啸，要盯着大西洋的风暴，理解上甘岭的艰难；要跟着奔腾的万里长江水，一同去远方、去战场、去胜利。

——2019年2月22日 任正非在武汉研究所的讲话《万里长江水奔腾向海洋》

第三章

市场

HUAWEI

01 市场经济最终会把所有的产品逼到薄利经营

市场经济最终会把所有的产品逼到薄利经营,因此只有提升产品先进性、实用性,实行产品多元化,实行超大规模生产以降低成本、提高质量,除此以外没有其他办法可以抗衡内战外困的巨大压力。

——1995年　任正非在第四届国际电子通信展华为庆祝酒会上的发言

02 通信是大市场、少客户

超大规模生产的充分必要条件是市场的吞吐,只有市场才能扶育出大产业。通信是大市场、少客户,吸纳市场参股,组建产业集团,以扩大市场占有率,缓和供需矛盾,这是一项十分艰巨的工作。

——1995年　任正非在第四届国际电子通信展华为庆祝酒会上的发言

03 不能有地主的概念

华为要超大规模地前进,但目前总共只有三十块地盘。地盘是有限的，但市场要无限地扩大，所以说对地盘应站在更高的角度来认识，不能有地主的概念。大家十分辛苦地开发了这块市场，有感情，这我们是理解的，但一定要开放，让大家去这块地方种更多的庄稼。我们一定要打倒地主，一定要解放市场。要有开阔的心胸，市场不是任何个人的，市场是属于华为这个奋斗集体的。将来的市场将形成美洲、欧洲、亚洲三足鼎立，我们要跃升在全世界通信市场上的名次，并且逐步上升，不开放市场让大家都帮你的办事处做，怎么行呢？我们不仅要在中国争夺这三十块地盘，还要到全世界去争夺地盘。战火已经点燃，我们要把战火烧到国外去。每个办事处主任回去都要宣传这种思想，都要开放自己的办事处。努力学习策划，学会种庄稼，先把排队机种下去，再把智能平台种下去，再种几根电源、再种汇接局、再种几个用户接入系统。在每个地盘里，什么庄稼都要种，适合什么产品生长就种什么庄稼。市场要开放，要加强相互交流。

——1995年11月18日　任正非在办事处工作会议上的讲话《解放思想，迎接96年市场大战》

04　开放市场，多种庄稼

办事处人员要跟随公司的总步伐前进，就是一定要有开阔的心胸，开放市场，多种庄稼，长不出庄稼的是市场做得不好。希望片区经理、办事处主任不要成为新时代的诸侯，各个专业部都要密切与办事处配合，不要因为诸侯在，中央军就不去了。市场扩大不到的地方，庄稼一样长不出来，种子一定要有人播种才能发芽。

——1995年11月18日　任正非在办事处工作会议上的讲话《解放思想，迎接96年市场大战》

05　以市场换技术，市场丢光了

中国人终于认识到，外国人到中国是赚钱来的，他们不肯把底交给中国人。他们转让技术的手段，都是希望过几年您还要再引进，然后引进、引进、再引进，最终不能自立。以市场换技术，市场丢光了，哪一样技术真正掌握了？从痛苦中认识到，没有自己的科技支撑体系，工业独立就是一句空话；没有独立的民族工业，就没有民族的独立。

——1995年12月26日　任正非在1995年总结大会上的讲话《目前我们的形势和任务》

06　团结在一起才会有森林的抗风暴作用

20世纪80年代的国际风暴席卷下，世界交换机厂家从34家减少到17家；90年代以来，例如北电、NEC等著名公司也步履维艰，竞争还在加剧。世界通信市场的竞争，在中国出现了极度的恶化。未来3年将是中国通信厂家发展最暗的历史时期，竞争困难，技术发展没有资金实力，这是难以度过的3年。在这个时期里，外国厂家凭借技术经济实力，在其政府的支持帮助下，不惜一切代价继续抢夺这块当前世界上最大的、发展最快的市场。持续10年通信大发展，催生了中国的通信制造业，并迅速成长。大家都寄希望于这块市场，都超大规模地投入，中外产品严重撞车，极度过剩，使本来恶化的竞争更加恶化。华为成长在这个时期，中国数百家通信厂家也如雨后春笋般地成长在这个时期，这些嫩笋有多大的抗风暴能力？但是当这些笋捆在一起，奇迹就出现了，进口交换机一统天下的局面一去不复返了。市场被国产机切割得东一块、西一块。随着"95计划"智能网的推行，通信网将从点对点的连接，转到实现智能通信。这时期的特点是，在原有通信网上要大量增加软件。这样国产机的优势就被迅速扩大。因为外国机器的软件价格十分昂贵,而且响应中方要求也不及时,他们要了解中国文化还有一段距离。我们要重视其他国产交换机的盟军作用,这是我们共同抵抗外国厂家绞杀的战友。我们只有团结在一起才会有森林的抗风暴作用。

——1995年12月26日 任正非在1995年总结大会上的讲话《目前我们的形势和任务》

07 市场部要树立市场策划的思维模式

市场部要做到每一件事都进行策划,1996年要以全年的策划报告为龙头,树立市场策划的思维模式,规范指导工作。以策划报告实施的动态跟踪、评估、修正、总结来提高自身的营销策划水平和判断与组织能力,在贯彻全面顾客服务意识中加强对内部顾客和外部顾客的服务,以服务展示公司的新形象内涵。

——1995年12月26日 任正非在1995年总结大会上的讲话《目前我们的形势和任务》

08 要建立以技术换市场的战略眼光

近期由以直销为主,逐步转向营销。要进一步扩大代理、合作生产等多种形式的销售。要建立以技术换市场的战略眼光,开发国际市场。

我们要建立合理的考绩制度,以考评为杠杆,激励干部奋发努力。没有这个杠杆的撬动,市场部人越多,力越小。1996年要达到人均销售额500万元。1997年的考绩制度,要从合理走向科学,为公司的市场大改革打好基础。

——1995年12月26日　任正非在1995年总结大会上的讲话《目前我们的形势和任务》

09　营销要国际化

在下一步的发展中，我们已制定了第二次创业规划，我们将在科研上瞄准世界上一流的公司，用十年的时间实现与国际接轨。我们所谓的营销国际化，不是在国外建几个工厂，把产品卖到国外去就够了，而是要拥有5~6个世界级的营销专家，培养50~60个指挥战役的"将军"。

——1996年5月2日　任正非在深圳华为通信公司与云南电信器材厂通信电源合作签字仪式上的讲话《加强合作走向世界》

10　以市场为中心，建立全面的服务意识

第一个问题是服务意识问题。我经常说，宣传部有没有文化、人力资源部有没有文化、行政系统有没有文化，重要的是服务意识问题。人活在这个世界上，不是为了自己而生存，必须是为他人服务而生存，这是一种目标导向。大家说我们以市场为中心，要建立全面的服务意识。市场经济肯定以市场为中心，这个目标导向是不能变化的。我们以市场为中心，是目标。比如说洗煤炭，你把煤炭洗白了，你确实劳动态度很好，任劳任怨，不怕脏、不怕苦、不怕累，可是洗煤炭不具有任何价值和意义。我们只有明确了目标导向，为市场服务，才算是我们的服务目标明确。

——1996年6月8日　任正非在行政系统员工对话会上的讲话《要树立服务意识、品牌意识、群体意识》

11 没有市场，就没有规模

没有市场，就没有规模；没有规模，就没有低成本。有低成本再有高质量，企业就不会灭亡。

——1996 年 6 月 8 日　任正非在行政系统员工对话会上的讲话《要树立服务意识、品牌意识、群体意识》

12 要迫使做势的人做实

我们一定不要使用适合做实的人去造势，要迫使做势的人做实。我们一定要今天做得比昨天好一点，昨天犯过的错误今天不再犯。我们要大胆去改进工作方法与操作技巧。经过周密策划，共同研究，在实施过程中遇到挫折的应受到鼓励，发生的失败不应受到指责。要持之以恒地改良下去，一小步一小步地走，过了两年就跨一大步。三年实现与国际接轨是有希望的。做实也是一件艰苦的事情，水滴石穿，"只要功夫深，铁杵磨成针"。君不见用户板测试组，持之以恒数年如一日盯在一块板上，已产生了巨大的成绩。我们这个时代需要的是专家，而不是万金油式的通才。焊接专家、插件专家、线缆及机框组装专家、包装专家、货运专家、仓库专家、打字专家……形形色色的专家组合在一起，就是一个极有战斗力的联合兵团。

——1996 年 7 月 25 日　任正非在技术能手大比武之前的讲话

13 不仅要抢占国内市场，也需要国际市场

中国是一定要发展的，但同时中国的发展一定是会受到遏制的。发展，就是要争夺市场。中国要发展，不仅要抢占国内市场，也需要

国际市场。国际市场本来就是别人的，如果我们不足够强大，像华为这样的公司要被消灭是极其容易的。

——1996年8月11日 任正非在市场部内部竞聘现场答辩会上的讲话《胜负无定数，敢搏成七分》

14 数据流量扩大七十五倍

我们要加大对平台的投入，构建明天的胜利，未来的竞争是平台竞争。三个解决方案都需要大的平台，我们又有充足的利润，为什么不加大平台的投入，超前竞争对手更多、更多？我们要思考怎么从话音时代走向数据时代。

华为现在强调做管道，未来的管道数据流会越来越大，数据泛滥就像电影《2012》中的洪水一样，还没来得及修起第二道堤坝水就泛过来了，在修第三道堤坝时，水又泛过来了，最后把珠穆朗玛峰都淹没了。我们还没在管道中建立起正确的模式，洪水就泛滥了，冲垮你的河堤。

有人估算，未来五年数据流量可能会扩大七十五倍，那么原来的管道也会相应地扩大，未来数据管道直径不是长江而是太平洋，面对直径像太平洋一样粗的数据管道，如何建起一个平台来支撑这个模型？大家都想想看，这不就是我们的市场空间和机会吗？

——2010年8月26日 任正非在2010年PSST体系干部大会上的讲话《以客户为中心，加大平台投入，开放合作，实现共赢》

15 "深淘滩，低作堰"

"开放、合作、实现共赢"，就是团结越来越多的人一起做事，实现共赢，而不是共输。我们主观上是为了客户，一切出发点都是为了客户，其实最后得益的还是我们自己。

有人说，我们对客户那么好，客户把属于我们的钱拿走了。我们一定要理解"深淘滩，低作堰"中还有个低作堰。我们不要太多钱，只留着必要的利润，只要利润能保证我们生存下去。

把多的钱让出去，让给客户、让给合作伙伴、让给竞争对手，这样我们才会越来越强大，这就是"深淘滩，低作堰"，大家一定要理解这句话。这样大家的生活都有保障，就永远不会死亡。

——2010年8月26日 任正非在2010年PSST体系干部大会上的讲话《以客户为中心，加大平台投入，开放合作，实现共赢》

16 利用点滴时间自我培训

每一个市场人员，都要利用点滴时间自我培训，每天、每时，与每一个人打交道，您都是受着不同方位的培训，只是不自觉罢了。我们提倡自觉地学习，特别是在实践中学习。您自觉地归纳与总结，就会更快地提升自己。公司的发展，给每个人都创造了均等的机会。英雄要赶上时代的步伐，要不断地超越自我。

——1997年 任正非在来自市场前线汇报会上的讲话《不要忘记英雄》

17 为祖国开拓国际市场

在国际市场上我们与西方国家竞争，他们是背负着国家的无形资产，在人们崇洋的心态下进入的，不管什么商品，德国货就给人信任。我们是在背负着中国伪劣商品在俄罗斯猖獗、中国的流氓在国外火拼而臭名昭著的情况下进入的,你不知道要用多少心血才能洗刷……华为在国际市场上屡战屡败、屡败屡战,败多胜少,逐渐有胜。是什么力量支撑着我们呢?是祖国,是我们希望祖国强大起来。

——1997年4月28日　任正非《走过亚欧分界线》

18　很多市场机会是可以感觉的

华为公司的发展为什么近两年这么快?社会上不明白,其实是很简单的,《人民日报》上都登过的。大家不要忘了,1994年5月,党中央号召青少年加强爱国主义教育,华为公司就预测国产机的地位会上升,所以,从1994年下半年开始加速发展,结果我们就胜了。去年党的六中全会确定了精神文明的方针,这个方针里面其实包含着大量的信息产业要促进进步的信息,因此我们又加速发展。这些都是从市场感觉中、从市场变化中、从社会环境中,推测计划可能出现的宏观走势。往往很多东西是可以感觉的。所以,计划预测系统不完全是坐在办公室里面,不完全是去玩曲线。中国经济的运行缺少规律性,它还不是一个稳定的经济运行体系,波动量非常大。所以,我们的计划体系一定要深入实际。

——1997年　任正非在第二批机关干部赴前线欢送会上的讲话《加强夏收管理促进增产增收》

19　别因缺人才而导致海外市场收缩

我们现在在海外市场上有好多战线都在全面收缩,为什么收缩?就是因为没有人。因此,如果我们不加强干部的考核、评价和循环流动的体系,总有一天大家都会愿意在空调的房子里面,享受舒舒服的日子，谁都不愿意去艰苦奋斗，那么我们这个公司就死定了。

——1997年 任正非在第三批机关干部赴前线欢送会上的讲话《加强夏收管理促进增产增收》

20 中国是一个最大的软件资源国家

未来的信息革命，信息产业会是下一个世纪里面最重要的产业，全世界都已经非常关注这个产业。党中央关注两个产业：一个是信息产业，另一个是房地产产业（微利房）。中国选择信息产业是有希望的，而且成功的可能性很大。信息产业的发展，使未来软件和硬件的比例可能会是9：1。从现在的8：2上升到9：1，芯片的设计水平会越来越高，软件的容量会越来越大。中国是一个最大的软件资源国家，中国人口多，但如果把中国人口多，变成中国人才多，那么中国就很有竞争实力，参与未来世界信息产业竞争。

——1997年 任正非在广东省邮电管理局与华为公司共建广东省商业网框架协议及共建"新技术联合实验室"协议签字仪式上的致辞《为提高电信网营运水平而努力》

21 信息行业有全球市场特征

我们从事的信息行业，全世界只有一个标准、只有一个技术。世界各国为国家民族的独立和完整设立了海关，封锁了产品的世界一致性，但这个关卡终会逐渐淡化。因此，全世界只要有一匹最厉害的狼，就能把这个吃下去。如果我们身体弱一点，我们就很有可能被一匹厉害的狼一口吃下去，就像下饭菜一样。因此，我们只把目标瞄准世界上最强的竞争对手，不断地向他靠拢，并伺机超越他，我们才能在这个世界上生存下去。

软件的消费与工程机械、服装的消费是完全不同的。软件的消费世界上有一个版本就够了，之所以出现各国不同的版本，主要是因为各个国家从本国利益和自身特殊要求出发而形成的不同版本。

——1997年　任正非与HAY专家在任职资格考核会上关于研究部分的对话《建立一个适应企业生存发展的组织和机制》

22　我们软件中既有茅台的酱香，又有香槟的芳香

现在，我们只确定合作伙伴关系。譬如，产品研究的合作、市场的合作、供应商的合作。我们结成伙伴的关系，共享获得的成果和利益，这样我们就走向更加紧密的，具有各自特色的战略伙伴关系。华为公司是开放的，我们愿意和世界各国的伙伴加强合作，只有开放与合作才能保证我们产品的先进性。譬如，法国的香槟酒、中国的茅台酒，不可能让全世界的人都喝茅台酒，也不可能让全世界的人都喝香槟酒。但是，我们的软件既有香槟的特色，也有茅台的美味，因此当法国人嗅到我们软件中有香槟特色时，他们会非常乐意购买；当中国人尝到有茅台的美味时，他们也非常乐意购买。尽管我们的软件水平还不是世界最高水平，但我们软件中既有茅台的酱香，又有香槟的芳香，因此我们还是能够占据一定的市场，支持我们生存下来。

——1997年　任正非与HAY专家在任职资格考核会上关于研究部分的对话《建立一个适应企业生存发展的组织和机制》

23　一边进攻，一边还要防守

是的，一方面要开拓市场，另一方面还要巩固现有的市场。竞争

对手的每一项进步，都威胁着我们已经占有的市场。因此，我们现在一边进攻，一边还要防守。这种艰难的奋斗再持续十年，就把我们年轻的小狼变成了壮年的狼，下个世纪我们将更有战斗力。下个世纪初，我们二十多岁的人将变成三十多岁。三十多岁是人最有经验、最成熟、最富有朝气和战斗力的时期，因此我们对战胜外国竞争对手充满了信心。

——1997年 任正非与HAY专家在任职资格考核会上关于研究部分的对话《建立一个适应企业生存发展的组织和机制》

24 高级干部不能窝在中国，一定要去新兴市场

国际化是我们最终的发展趋势。大家想一想，我们为什么那么穷？原因就是软件拷贝太少了，要快速、多拷贝软件，利润就挣得多，而中国的市场就这么大。因此，我们要把08机拷贝到俄罗斯，到中国香港，到欧洲、美洲去，这样拷贝得多了，成本就下降了，而差额是我们的利润。因此，国际化是我们公司的必然选择。……高级干部不能窝在中国，不能窝在08机上。08机让基层员工做、让新人做，我们高级干部一定要去新兴市场，到非洲的狮子嘴里抢块肉来吃。整个国际市场对华为公司来说还很艰难，真正要打开国际市场不是一个简单的问题，好在我们已经走出了这一步。

——1997年 任正非在用服工程师培训动员大会上的讲话《苦练基本功，争做维护专家》

25 互联网革命带来巨大市场

十年之内通信产业将面临一场革命。这场革命到来时华为在哪

里？我在美国与一些资深人士交流，他们有的说计算机网络的进步会取代通信，成为全球最大的网络。通信专家说，通信技术的进步将会使通信网络包容了计算机网络，两者合二为一。我认为两者都有道理，在下世纪初，也许在 2005 年，真正会产生一次网络革命，这是人类一次巨大的机会。计算技术的日新月异，使人类普及信息技术成为可能。高速的光传输，与先进的交换与处理技术，使通信费用数十倍地降低，网络的覆盖能力增强到人们想象不到的地步，为信息的传播与使用铺平了道路。波分复用和波长交换，使光交换获得成功。现在实验室的单芯可传送 2000G，将来会变成现实，那时候通信费用会呈数百倍地降低，那么用户的迅猛增长、业务的迅猛增长，难以预计。例如，中国出现 6 亿门大网时，会是一种什么局面，你想象过吗？

——1998 年　任正非《我们向美国人民学习什么》

26　抓住机会与创造机会是两种不同的价值观

抓住机会与创造机会是两种不同的价值观，它确定了企业与国家的发展道路。混沌中充满了希望，希望又从现实走向新的混沌。人类历史是从必然王国走向自由王国发展的历史。在自由王国里又会在更新的台阶上处于必然王国阶段。因此，人类永远充满了希望，再过 5000 年还会有发明创造，对于有志者来说，永远都有机会。任何时间晚了的悲叹，都是无为者的自我解嘲。

——1998 年　任正非《我们向美国人民学习什么》

27　不屈不挠争取市场机会

既要发展，又要避开危机，唯有的办法就是要大力加速改变现状。第一个问题要寻找新市场，像哥伦布一样。市场部不就高歌"雄赳赳，气昂昂，跨过太平洋"吗？他们现在不仅跨过了太平洋，而且跨过了大西洋、印度洋，真的是在很艰苦的条件下生活。当导弹袭击伊拉克的时候，他们就在地下室，冒着炮火，不屈不挠地争取市场机会。

——1999年2月8日 任正非在"创业与创新"反思总结交流会上的讲话《创业创新必须以提升企业核心竞争力为中心》

28 开拓海外市场，工作、学习上将要承受更大的艰苦

问：我们应如何开拓海外市场？

答：国外生活很艰苦，开拓海外市场将是很艰难的过程，只有披荆斩棘，才有公司的明天。前面一代人经过几年的屡战屡败、屡败屡战，已经不断取得胜利，且已卓有成效了。对于你们后来人，不但生活上要承受艰苦，工作、学习上也将要承受更大的艰苦。那么多产品、那么多技术标准都必须搞明白，不明白怎么去这个国家开拓市场？怎么去这个国家投标？所以等待你们的不仅是生活上的艰苦，更有学习与工作上的艰苦。我们需要一大批勇敢的人走向海外市场，但光有勇气是不够的，我们面对的世界各国的竞争对手是非常有职业化水准的，我们在战略上可藐视他们，但在战术上必须认真重视他们。

——1999年 任正非答新员工问

29 "三人行必有我师"

问：如何做一个合格的华为市场人员？

答：要做一个合格的市场人员太难了，比产品研发还要难，难在学会做人。世界上最难的就是读好书、做好人。"三人行必有我师"，必须永远留在脑海里，走进生活，你会发现任何一个人都比你强。

——1999 年　任正非答新员工问

30　市场走进理性状态后对我们是有利而不是有害

我认为市场走进理性状态后对我们是有利而不是有害的。原因是什么？运营商目前经营状况不是太好，利润不是太多了，会买什么呢？大家说："那就买最便宜的东西！"如果你们家装修，你老婆是董事长，她是管投资的，她绝不认为你这种投资是有效的；反过来，她会认为必须发挥综合投资效益，那么她选择供应商时，就会更加趋于理性。拉美市场应该说泡沫化比中国严重，主要是宽带泡沫对他们拖累很大。现在所有这些大电信运营商找我谈话，都告诉我两点：第一，你不能放弃对窄带系统的开发；第二，他们不会去再找小公司合作。为什么呢？美国 IT 行业产生泡沫时，许多小公司开发了新产品装在网上，可现在倒闭了，没有维护了，不可避免地被撤下来，给了我们空间。这时候，运营商选什么，是选公司。

——2002 年　任正非《迎接挑战，苦练内功，迎接春天的到来》

31　市场的好与坏，是不以人们意志为转移的

市场的好与坏，是不以人们意志为转移的。有人说我们以前卖交换机很好卖，今年应该比去年还好卖，明年还要更好卖。卖到什么程度？卖到你们家客厅得把交换机装进去。不然往哪里装啊，市场总是

有限的。好好好，好到一定时候就会下滑，这是客观性规律。不可能一直好，有下滑是正常的，我们不能指望以前好做，今年、明年还好做。好做到最后，你们家客厅里就装满机器。如果家里不装机器，电信局的交换机往哪里装呢？市场是一定会有尺度和限度的，这时候我们一定要有很好的生存之道。

——2002年　任正非《迎接挑战，苦练内功，迎接春天的到来》

32 市场困难最能锻炼人与提高人

当前市场困难的状况是最能锻炼人与提高人技能的历史时刻。那种在大规模收割庄稼的时候，我们的思想里面不管是在工作方法上、营销手段上，还是对客户需求的细分上，都没有创造性思维，就是简单地把收割机"哗哗哗"开过去，一大堆割下来。过去形势好，庄稼割了一茬，又长一茬。没有割上的也不急，反正还会长出来。现在形势不同了，庄稼一年只长一茬，割了就没有了。你说大家会怎样？国内市场现在短暂的困难期最能够锻炼人的思维，不能再用原来的老思想、老方法去看待问题。这样的时候，我们认为各个口、各个地方、各个系统部，都应该发挥自己的创造性思维，想想你在这个区域里怎么实现市场的胜利。

——2002年　任正非《迎接挑战，苦练内功，迎接春天的到来》

33 太领先客户需求会成为先烈

日本（电子工业）在20世纪七八十年代是非常成功的，美国在这个问题上是几乎输给日本的……日本在数字化这个问题上走慢了，美国在数字电子上迅速超过日本。日本发现自己错了以后，就犯了更大的错误，要跨越时代，做出更先进的产品，如第五代计算机，20世纪90年代初期，做出400G的ATM交换机。日本的400GATM交换机在香港开起来时，我们公司ATM项目实质上还没有启动，我们对这种异步转移模式的认识还不是很清楚。但是400GATM在香港开起来有什么用呢？它领先了客户需求3步，所以它成为先烈。先进产品死掉了，它没有过渡时期的产品，过渡时期的产品是符合客户需求的产品，它没有。我们填补了他们的空白，所以他们把中国市场全部送给了华为。我们是在他们错误的关怀和抚育下成长起来的。

——2003年5月25日　任正非在干部管理培训班上的讲话《在理性与平实中存活》

34　需求的有限性和供给的无限性，是信息产业致命的软肋

信息产业为什么最后会造成困难？因为消费者对信息的需求是有限的，人只有一双眼睛，一天只有短短的24个小时，而信息资源是无限的。需求的有限性和供给的无限性，是信息产业致命的软肋，只要这个矛盾存在，信息产业的冬天就迟早会到来，冬天是必然的。

大家想想，光纤与芯片的原材料是从河沙中提炼的硅。光纤与芯片的原材料资源是取之不尽、用之不竭的，大家都拼命地投资，就形成生产供给过剩。这种需求有限而生产过剩的累积，必然导致行业的坍塌和困难，于是造成了今天的过剩和行业的困难。

——2003年　任正非在华为研委会会议、市场三季度例会上的讲话《发挥核心团队作用，不断提高人均效益》

35 IT 行业吸引了大量资金和人才，造成市场的过剩

现在 IT 行业的人收入待遇过高，其后果是所有的人才蜂拥到这里；IT 行业的利润很大，所有的资金都蜂拥到这里。人才、资金都跑到这里来了以后，传统产业既缺少人才，又缺少资金。我们的 IT 行业的成长是基于传统财富增长以后人们对生活的要求而发展，这其中包括对信息的要求。因此，IT 行业把大量人才和资金吸收进来以后，使传统产业的发展减慢。所有的人才被吸收进来以后，大家都在这里相互竞争，使得过剩的市场更加过剩，价格体系还会进一步坍塌，最后经济周期的发展规律促使自然形成综合的宏观平衡。

——2003 年 任正非在华为研委会会议、市场三季度例会上的讲话《发挥核心团队作用，不断提高人均效益》

36 国际环境不好，中国也不会好

那么，美国处于极度困难的情况下，中国能不能一枝独秀？答案是否定的。

第一，中国的运营商不会花很多钱购买设备。中国的电信运营商开放竞争后，只要国家放开价格管制，他们的竞争很快就会打到成本价。那么，打到成本价的公司，谁会用高价钱购买我们的设备？其他网络商也是遍体鳞伤，他们即使不亏损，也是处在很低的利润水平，他们绝对不会用更多的钱来购买东西。当然，我们的客户回归理性对我们有一定好处，因为华为处在一个产品质量、服务、价格都有相对优势的地位。

第二，我们不能奢望中国企业全面、迅速和整体的信息化。从理

论上看信息化很简单，事实上很困难，难在商业模型的数字化。我们公司真正走了七八年了，投入了数百人，才达到现在的状况。我们走的道路如此艰难，中国的企业随随便便装几个路由器就是信息化了？如果信息化并没有使企业竞争力得到提升，他们就会很快减慢或退出建设。

——2003 年　任正非在华为研委会会议、市场三季度例会上的讲话《发挥核心团队作用，不断提高人均效益》

37　只有与潮流同步，才能极大地减少风险

有人说华为公司从一家小公司发展到今天的规模，是糊里糊涂、懵里懵懂就走过来了，我接受这种说法。这种说法至少减轻了我们高层领导的压力，不要把我们压得太厉害了。我们也不是先知先觉的，我们也犯过许多错误，包括泡沫化。但是事实上，我们走过了这十年道路，每一次我们看见、预见的困难，我们解决的措施都刚好和时代的发展同步了、同拍了，所以我们取得了成功，才会发展到今天。《基本法》上为什么提出了"三个顺应"？因为我们不能与规律抗衡，我们不能逆潮流而行，只有与潮流同步，才能极大地减少风险。因此，我们过去有能力预测我们的成功和胜利，今天有能力预测存在的困难和问题，那么度过这场困难，我们的条件是比别人优越的，是有信心的。

——2003 年　任正非在华为研委会会议、市场三季度例会上的讲话《发挥核心团队作用，不断提高人均效益》

38　市场最重要

我们认为市场最重要，只要我们顺应了客户需求，就会成功。如

果没有资源和市场，自己说得再好也是没有用的。因此，为客户服务是华为存在的唯一理由，这要发自几万员工的内心，落实在行动上，而不是一句口号。

——2004年4月28日　任正非在"广东学习论坛"第十六期报告会上的讲话《华为公司的核心价值观》

39　不要短期的机会主义

通信行业是一个投资类市场，仅靠短期的机会主义行为是不可能被客户接纳的。因此，我们拒绝机会主义，坚持面向目标市场，持之以恒地开拓市场，自始至终地加强我们的营销网络、服务网络及队伍建设，经过9年的艰苦拓展，屡战屡败、屡败屡战，终于赢来了今天海外市场的全面进步。

——2005年7月26日　任正非《华为与对手做朋友海外不打价格战》

40　不盲目做终端品牌

我们要坚持放弃品牌的路线不能动摇，我们不能昨天放弃了品牌，今天转过来也要做品牌，这是人不人、鬼不鬼的。今天终端赚的钱，赚的就是广告费、赚的就是渠道费。其实我们就是把广告费砍掉了、把渠道费砍掉了，然后我们就有点利润。不能因为我们今天在委内瑞拉有了成功，就盲目地起来去做终端的品牌，这一点我是不同意的。因为我们要做品牌，每年付出的钱是巨大的，做品牌不是很简单的。

——2007年7月3日　任正非在委内瑞拉与员工座谈纪要《上甘岭在你心中，无论何时何地都可以产生英雄》

41 要敢于扩张

我上次在英国代表处讲话,强调了精细化管理,就是在混乱中怎么走向治,乱求中治。但没有讲到治中求乱,也就是打破平衡继续扩张的问题。有些代表处执行起上次我在英国代表处的讲话来,有些偏差。我这次在墨西哥代表处讲了,市场不是绘画绣花,不光是精细化管理,一定要有清晰的进取目标,要抓得住市场的主要矛盾与矛盾的主要方面。进入大T要有策略、要有策划,在撕开城墙口子时,就是比领导者正确的决策、有效的策划,以及在关键时刻的坚强意志、坚定的决心和持久的毅力,以及领导人的自我牺牲精神。只强调精细化管理,公司是会萎缩的。精细化管理的目的,是使扩张不陷入混乱,并非紧关城门。我们讲精细化管理,不等于不要扩张,面对竞争,我们还是要敢于竞争、敢于胜利的。只有敢于胜利,才会善于胜利。扩张和精细化管理并不矛盾,要把两者有效结合起来。

——2007年7月13日 任正非在英国代表处的讲话纪要《敢于胜利,才能善于胜利》

42 客户满意度调查,结果要全面公开

Marketing做的客户满意度调查,结果要全面公开。我们花了这么多钱,客户有批评,为什么不公开呢?不公开就不会促进我们的改进,那有什么用呢?竞争对手知道有什么关系呢?他们攻击我们怕什么呢?主要是我们自己改了就好了。什么叫无理要求?除了客户说,你这个设备给我,一分钱都不付以外,别的都不是无理要求,而是我们骄傲自大。我这次在市场大会上讲了,当我们强大到一定程度时就会

以自我为中心。

——2008年7月21日　任正非在地区部向EMT进行2008年年中述职会议上的讲话

43　一个地区部管十几个国家，需要"重装旅"

我们借用"重装旅"的概念，描述地区部与代表处的关系。若代表处不是一个轻型的组织，那么成本是非常高的，而且闲置的资源会腐化了我们整个战斗力。一个地区部管十几个国家，因此它可以是各种专业力量的共享、协调中心。当然，汇聚的力量是逻辑的，并非物理的。例如，海军陆战队在沙滩撕开一道口子，但它在纵深上是展不开的，它没有这么多能力。但它不撕开一道口子，重装部队是登陆不上去的。没有重装部队的投入，阵地是守不住，也扩展不了的。地区部重装旅的建设，是重视各种平台的建设、共享中心的建设、经验的总结、人员的培训。同时，代表处组织配置中缺少的能力，要在地区部补上。不管是解决方案、服务、投标……各种业务都要集中一批尖子，随时像蜂群一样，一窝蜂地对重要项目给予支持。这些尖子可以是物理式的集中，也可以是逻辑上的集中。他们的人员要定期流动，实行纵向循环、横向循环，以促使各方面作战能力的提升。

——2010年1月20日　任正非在2010年年度市场工作会议上的讲话《"以客户为中心，以奋斗者为本，长期坚持艰苦奋斗"是我们胜利之本》

44　小国就是可做可不做

小国就是可做可不做，想做就做，不想做就不做，结果他们做得差不多垄断了，而且价格卖得很高，利润高就做。我没有说你们寸土必争，你们这样可能消耗了很多子弹，但只保卫了一寸土地。

——2010年12月3日 任正非与终端骨干员工座谈纪要《做事要霸气，做人要谦卑，要按消费品的规律，敢于追求最大的增长和胜利》

45 时装化不仅是指漂亮，也包括功能和性能

大家不要误解我说的时装化，时装化不仅是指漂亮，也包括功能和性能，时装还包括扣子。

——2010年12月3日 任正非与终端骨干员工座谈纪要《做事要霸气，做人要谦卑，要按消费品的规律，敢于追求最大的增长和胜利》

46 智能计算业务未来可通过自研的芯片产品赚钱

智能计算业务未来可以通过自研的芯片产品赚钱，从算、管、AI、存、传的芯片布局竞争力构建思路。边缘计算是公司的大战略，OS的研发中要考虑边缘计算，从用户场景分析边缘的热点问题，热点问题要在边缘侧闭环中解决掉，减轻中央计算的压力。摄像机也要坚定不移地做边缘计算、做智能摄像机，聚焦在智能AI、聚焦在超高清，坚定不移地和终端做技术合作，勇猛冲锋，杀出一条血路来。

——2019年1月9日 任正非在杭州研究所业务汇报会上的讲话《开放心态，做钱塘弄潮儿，杀出一条血路》

第四章

销售

HUAWEI

01 通信是一个大产品，用户不会轻易订货

华为是一家小公司，不宣传人们不认识；通信是一个大产品，用户不会轻易订货。广东省对我们公司评价最高，也十分信任，我们对进入广东市场也十分有信心。技术交流6年了，至今广东还未装一台机，可见选型的艰难。市场部的员工为了强力推广华为的产品，走遍了大江南北、山村乡镇，行程可以绕地球和月球转几千个来回。推广涉及的人次，加起来相当于拜访过一个大中城市所有的居民量。他们如宗教般虔诚，使公司在全国一片滑坡的情况下，保持了100%的市场增长。

——1995年12月26日 任正非在1995年总结大会上的讲话《目前我们的形势和任务》

02 为了销售，受尽冷落

为了挽救一个地方的市场，我们市场部的高层领导了解到一个重要客户在某个宾馆与爱立信公司洽谈。他吃完晚饭就在大厅内等那位客户，直到深夜一点半。客户出来后说了一句"没时间"

就走了。

——1995年12月26日　任正非在1995年总结大会上的讲话《目前我们的形势和任务》

03　我们始终坚持创品牌的正派销售

在残酷的市场竞争中，我们始终坚持创品牌的正派销售，为此，我们忍痛放弃了不少大合同。我们在东北伊春的一单合同，推广人员、市场人员为此做了不下10次的技术推广和工程建议。他们风餐露宿、长途跋涉，前后长达6个月。最后因一些原因，市场部决定放弃。负责此项工作的数名男员工，伤心地痛哭了一场。市场不相信眼泪，残酷的市场使他们更坚强，现在从事这项工作的业务骨干身患肝炎，仍不肯回深圳就医，坚持在冰天雪地的第一线奋战。

——1995年12月26日　任正非在1995年总结大会上的讲话《目前我们的形势和任务》

04　市场部要转变销售思想，树立战略营销思想

我们要建立一个吸取国际精髓、符合中国国情、具有国际水准的市场营销系统。我们要用5年的时间做到与国际接轨。在跨过本世纪的时候，我们要超大规模跨出国门，市场部从现在开始要转变销售思想，树立战略营销思想，贯彻顾客服务意识，实现从观念到组织的5个转变：公关到策划的转变，推销到营销的转变，小团队作战到营销兵团作战的转变，局部市场到大市场的转变，产品营销到战略营销的转变。

——1995年12月26日　任正非在1995年总结大会上的讲话《目前我们的形势和任务》

05　我们向用户销售自己和自己的国家

公司从最初的公关型销售过渡到策划型战略营销，从依靠小团队的冲锋陷阵过渡到依靠大市场、大系统、大结构、大兵团的公司整体性经营行为，我们应加强推销"华为"企业形象和各种产品的品牌形象。因此，我们应从整体性、战略性来塑造、包装"华为"及其产品。我们是在销售公司、产品、企业文化，并向用户销售自己。当我们走向海外市场时，则是在销售自己的国家。

——1995年12月26日　任正非在1995年总结大会上的讲话《目前我们的形势和任务》

06　向战略用户进行长期、虔诚、持之以恒的宣传

市场信息系统实施"共建共享"，积极营造"人人都是系统建设者，人人都是系统获益者"，群策群力，充分调动市场部全体人员参与建设，充分利用信息系统散发资料。让公司产品的最新资料地毯式轰炸、准确着陆，使用户在最短的时间内获取产品信息。同时，要分类归纳战略用户，向战略用户进行长期、虔诚、持之以恒的宣传。

——1995年12月26日　任正非在1995年总结大会上的讲话《目前我们的形势和任务》

07　把市场的作战指挥部前移

1996年要完成以片区工程部、办事处为基础的销售平台建设。要在这个平台上完成多种产品销售，要在这个平台上实现多家公司共同销售（下属合资企业），以利益共同体为原则，实现市场资源的共享。

不管华为发展到多大，合作公司有多少，销售平台仍是一个。要把市场的作战指挥部前移，片区要实实在在地建成一个战斗、指挥的团体。要加强基层建设，要实行干部的大轮换，在循环中培养、提高基层干部的水平。

——1995 年 12 月 26 日　任正非在 1995 年总结大会上的讲话《目前我们的形势和任务》

08　马太效应

华为人做任何事都十分认真，而且第一次就要把事做好，这种风气已广泛为员工所接受。只有在思想上艰苦奋斗，才会在管理上赶超日本。当我们的产品质量非常好，成本又低时，销售还会难吗？销售不难，竞争力又进一步增强，管理的马太效应不就发生了吗？

——1996 年 4 月 6 日　任正非在十大杰出员工表彰大会上的讲话《反骄破满，在思想上艰苦奋斗》

09　把自己销售出去，才有可能销售产品

我们要在全中国乃至全世界树立起自己的形象，是每一点、每一滴、每时、每刻、每个人、每件事都在塑造这个品牌。这个品牌不要理解成电源，也不要理解为 C&C08，是更深层次的东西，它是一种企业形象。只有把自己销售出去，才有可能销售产品。点点滴滴销售自己的形象，每个人的一点形象，都是在销售这个企业。

——1996 年 6 月 8 日　任正非在行政系统员工对话会上的讲话《要树立服务意识、品牌意识、群体意识》

10 从全局出发，考虑产品的可销售性

我希望你们不断地提升工作质量，更多地从全局出发，考虑产品的可销售性、可安装性、可维护性等。我们在很多方面有很大的进步，但我们在系统性和管理上还需要再提高。我们要不断思考：能改进吗？还能再改进吗？这就是艰苦奋斗。

——2010年8月26日 任正非在2010年PSST体系干部大会上的讲话《以客户为中心，加大平台投入，开放合作，实现共赢》

11 大量增加客户联系量

比如办事处，如果每个秘书每天打五个电话、贴五个信封，一天就与客户联系了十次，一年就是三千四百多次。每个销售经理进行广泛联系，我们客户联系量就大大增加了，那么一个办事处一年会与客户联络3万—4万次，有了沟通与了解，销售不是好做多了吗？这一点市场部已经在做，而且效果显著。但我们还没有达到高标准，否则市场占有率还会增加许多。

——1996年 任正非在管理改革工作动员大会上的讲话摘要《不要叶公好龙》

12 每隔一段时间，就要给自己找点"麻烦"

市场部精神是华为企业文化之魂，这在公司已是一种共识。市场部总是跟自己过不去，每隔一段时间，他们就要给自己找点"麻烦"。集体大辞职，内部竞聘，年年翻番的销售指标，一轮又一轮的培训，海外市场开拓，业务流程重组……从来没有看见他们停下来歇口气。

一般的人很难受得了这样的"折腾"。

为什么市场部要这样做？敢这样做？

这源于他们强烈的危机意识。跨国公司的强大竞争攻势，市场需求的日新月异，新产品、新技术的不断涌现，公司生存与扩张的紧迫要求。凡此种种，形成了一个巨大的压力场，对市场部提出了极高的要求，有的要求甚至超出了他们的能力。

常年处于这种情形之下，市场部从不讨价还价、从不轻言放弃，反而激起了无比的斗志和豪情。他们保持高度的危机感，自强不息、紧密团结，把压力传递到每一个市场人员，主动求新、求变。他们成功地将危机意识化作自我更新意识和敢于拼搏的工作风格。他们在困境中学习，在学习中进步，从上到下身体力行，超越自我，始终保持了高昂的斗志和积极进取的精神，为公司做出了卓越的贡献。

他们敢于应用否定之否定的规律，不断循环优化自己。在市场部内部，批评与自我批评蔚然成风。只有强者才敢于批评自己。我们要向市场部学习这些好风气。

——1997年　任正非在总裁办公会议决定全公司向市场部学习上的讲话《胜则举杯相庆　败则拼死相救》

13　名牌就是承诺

我们的产品中有些十分艰难的研究、设计，中试都做得十分漂亮，而一些基本的简单业务，长期得不到解决，这是缺乏市场意识的表现。面向客户是基础，面向未来是方向。没有基础哪来的方向？土夯实了一层再撒一层，再夯，才会大幅度提高产品的市场占有率。什么叫名牌？名牌就是承诺。

——1997年　任正非在机关干部下基层，走与生产实践相结合道路欢送会上的讲话《自强不息，荣辱与共，促进管理的进步》

14 对新产品要有保障

大家不要光想到今年产庄稼，就把肥料都吃光了，完了明年就减产了。这不行。今年一定要增强市场潜力，把明年的市场做好，一定要耕好土地、施好肥料，明年才能更好地多打粮食。好的办事处一定要占据高层网，为明年的大扩展做准备。第二个方面要对新产品的新经济增长做出组织上的、人员上的各种保障，充分使新的经济增长点长大。现在是一俊遮百丑，由于这个办事处销售得非常好，导致他们集中精力只干一个产品。只注意农话网，不重视市话，其他产品也上不去。因此，我们的经济增长点老长不大，我们很多有前途有希望的产品没有及时产生利润，转换为对我们的支持。

——1997年　任正非在第三批机关干部赴前线欢送会上的讲话《加强夏收管理促进增产增收》

15 目的明确

到了前方以后，我们的目的就一个，搬石头修教堂，这个教堂就是销售、货款回收，后面就是市场潜力。

——1997年　任正非在第三批机关干部赴前线欢送会上的讲话《加强夏收管理促进增产增收》

16 展厅是一个很好的练兵场所

展厅是一个很好的练兵场所、是一个实验网，而且是不断优化的实验网，通过不断向别人讲解，你自己就提高了。讲解的过程是在逼迫自己进步，你要讲得明白，首先自己就要搞明白。讲解时最好请高手来挑你的毛病，你就会发现自己还有许多没搞明白，然后你搞明白了，你就熟悉了产品。

——1997年　任正非与客户工程部座谈纪要《提升自我，找到切入点，迎接人生新挑战》

17　做销售项目要增加对产品的了解

做销售项目的首先要增加对所有产品的了解，而且考核不能只考一个产品，哪壶不开就提哪壶来考。因为项目经理的特点是不要求对产品了解很深，但你必须什么都懂一点，需要广博的知识，要说得透、道得明白。其次，要学会做案例分析……现在有很多案例可以学习，拿一个案例好好研究，你就可以速成，可以提升自己。这样你才能调动资源，不然你不知道资源在哪里，怎么去调动呢？调不动资源怎么去完成项目呢？所以确定了方向就要去努力。

——1997年　任正非与客户工程部座谈纪要《提升自我，找到切入点，迎接人生新挑战》

18　走向网络型销售

华为公司已经不会再一台一台机器地卖了，公司已走向网络型销售，而你连机器还没搞明白，那么网络你怎么能搞明白？现在不下决心，以后走向网络经营的时候，你就更加困难。

——1997年　任正非与客户工程部座谈纪要《提升自我，找到切入点，迎接人生新挑战》

19 有策略地处理好关系

要特别注意有策略地处理好运营商之间的关系，逐步培养与运营商的伙伴关系。在海外，人口在 1000 万以下的小国家运营商多，而总容量很有限，我们要策略性选择战略伙伴，与战略伙伴结成特殊关系，通过个性化的解决方案等促使其快速成长。当然，其中也会有矛盾，但是我们不要到处撒胡椒面，一定要区别对待。

我们和国内运营商之间也要逐步组建伙伴关系，无论是电信、网通、联通、移动、铁通、广电，只要我们认为是有必要的，我们就要研究如何建立伙伴关系。为什么我们要建立伙伴关系？就是目前运营商的状况不太好，利润少了。虽然目前中国移动的利润很多，但这是短暂的。只要价格一开放，很快降到最低值。他们买什么？有人说选价格最低的东西买。前几年，谁的价格高就买谁的东西，那是运营商不成熟。应该看到，运营商在逐渐成熟、规范。

——2003 年 任正非在华为研委会会议、市场三季度例会上的讲话《发挥核心团队作用，不断提高人均效益》

20 不能僵化和教条

当年的抗大校训就是"坚定不移的政治方向，艰苦朴素的工作作风，灵活机动的战略战术"，我们既要有坚定不移的方向，又不能过分教条，战略队形和组织结构都要随着环境变化进行调整和变化。比如，一讲到宽带，大家就说一定要可运营可管理，就要打倒 CISCO（恩科）。我们是否也可以举起右手支持 CISCO，赚拥护 CISCO 的客户的钱；举起左手也可以做、可运营、可管理，赚反对 CISCO 的客户的钱。在工作中不能强调一边就忽略另一边，不能走极端。眼前我们的问题是利润不够，所以要做些小盒子到各地抢粮食去。队形要根据市场变化，不能僵化和教条，要有灵活机动的战略战术，我们的宗旨就是活下去。

——2003年 任正非在华为研委会会议、市场三季度例会上的讲话《发挥核心团队作用，不断提高人均效益》

21 华为是靠低端养活的

MKTG（市场营销）关注更多的是解决方案，从客户的需求牵引公司发展。你关注更多的是怎么把我们的东西卖出去，解决方案不一定就是高端技术方向问题呀！MKTG关注的是解决方案，产品行销关注你那部分怎么拱出去。千万不要说MKTG就是高端的，高端是养不活华为的，华为是靠低端养活的！……解决方案里面有高端有低端，只要客户有需求，都要系统化地去规划、去解决。

——2007年7月3日 任正非在委内瑞拉与员工座谈纪要《上甘岭在你心中，无论何时何地都可以产生英雄》

22 名字从来不是问题

员工问：任总好，我是安捷信的市场人员。我的问题比较简单，就是我来到委内瑞拉被问得最多的问题就是安捷信是干啥的，安捷信和华为是什么关系？

任总：你们的问题不是名字的问题，关键在于你的产品能不能适销对路。沼气是中国发明的，爱立信用沼气发电解决农村机站的供电问题，做得比华为好。安捷信的问题不是名字的问题，是方针路线的问题。安捷信可以不直销，可以以华为的名义去销售，在代表处中有一小块，不就解决名字问题了吗？安捷信是否要建立覆盖全球的销售体系，可以讨论。

——2007年7月3日　任正非在委内瑞拉与员工座谈纪要《上甘岭在你心中，无论何时何地都可以产生英雄》

23　卖到最低价的人员，职务就降半级

做市场要有策略，"谋定而后动"。我们现在既不知道竞争对手是怎么干的，也不知道客户真正的需求是什么，我们就冲啊冲的。我曾经问摩托罗拉：你们怎么选拔干部的？他们说卖到最低价的人员，职务就降半级，因为他把公司资源用完了，说明他没有能力。我们要研究我们的优势是什么，让客户认同我们。因此，我认为很多东西都是要有策略和策划。

——2007年9月14日　任正非在独联体片区的讲话纪要《将军如果不知道自己错在哪里，就永远不会成为将军》

24　好客户是目标

我们要选一些好的运营商、好的中心城市作为目标。比如，在GSM这个网，我们攻不进上海移动，但是我们攻进了上海联通，那我们在上海这个地区的战略伙伴就是上海联通，我们就要把优秀的服务经理、优秀的销售经理、优秀的融资经理派过去。什么叫战略伙伴？就是我们的资源优先向他配置，我们的服务质量就好了，那他就会多抢一些客户、多抢一些粮食。战略伙伴在这些问题上要加强体现。

——2008年　任正非《看莫斯科保卫战有感》

25 资源分配不要搞平均主义

光传输目前还是我们效益最好的产品线，我多抢一块，就多一块盈利的机会和空间。我们目前在全球的市场份额超过15%吧，那我们能不能制订一个计划，市场占有空间什么时候提升到20%？什么时候再提升到25%？你们制订一个战略计划和人员编制计划。我们公司效益最高的还是光传输，那我们为何不加大投入、加大市场进入、加大人员编制呢？资源分配不要搞平均主义，要敢于向战略性的、效益好的产品和市场投入，确立并扩大优势。

——2008年7月21日 任正非在地区部向EMT进行2008年年中述职会议上的讲话

26 大量的资源力量向一线集中，但要考虑成本

现在我们是作厚客户界面，普遍加强客户关系，大量的资源力量向一线集中。将来我们要提高专业化队伍的支持能力，从而可以减少一线直接作战部队的人数。例如，发射导弹是少数几个人，一按按钮就行了，但为了按这一下，有几十、几百人在平台上服务。我们加强了专业化的支持能力建设，就可以逐步使直接作战部队更加精干、更加高效。我们与军队不一样的是，他们为了取得胜利，不计较成本，而我们对成本必须有综合考虑。

——2010年1月20日 任正非在2010年年度市场工作会议上的讲话《"以客户为中心，以奋斗者为本，长期坚持艰苦奋斗"是我们胜利之本》

27 我宁可成长慢一些,也不要库存

我希望供应链变得柔性一些,计划的响应速度快一些。库存可能会造成最终的死亡,可能一次或两次库存(我们)就死掉了。积极进攻不一定库存很大,在供应上我们一定要研究怎么积极响应,怎么缩短供应周期,怎么加大供应柔性。我宁可成长慢一些,也不要库存。而且随着产品越来越时装化,库存的风险越来越大。

——2010 年 12 月 3 日 任正非与终端骨干员工座谈纪要《做事要霸气,做人要谦卑,要按消费品的规律,敢于追求最大的增长和胜利》

5

第五章

客户和客服

HUAWEI

01 要改变过去的销售导向，提高服务质量

如何改变你们的服务形象？我认为就是与优质客户实现服务分享。公司对管理服务已有明确的经营要求，要改变过去的销售导向，要加强对管理服务的贡献考核。我们需要提高优质客户的优质资源配置，把能打仗的员工多派一些到优质客户那里，增强战斗力，提高服务质量。这样高薪的员工被派往那里，把从优质客户那里赚取的利润消化一些，客户一看，"华为在我们这里也没赚多少钱"。他心里是舒服的，而且我们为他们提高了竞争力，战斗力增强了那么多啊！

——2014年3月14日 任正非在LTCS2/S3项目演示汇报会上的讲话《三年，从士兵到将军》

02 为优质客户配备"少将"

我们讲"优质资源向优质客户倾斜"，不是说这个客户打电话你不去维修，那个客户打电话你就去。而是指我们为优质客户配备"少将"，一般客户配备"少尉"，这样有所区别，但服务的热情和积极性都是一样的。"少将"去了一定是做得更好，那样客户就能更赚钱，我

们也能多赚钱。这不就是优质资源向优质客户倾斜了吗？人和组织结构都区分了，投入的资源就不一样了。

——2015年8月12日　任正非在运营商BG"三朵云"业务体验和阶段验收汇报会上的讲话《构建先进装备，沉淀核心能力，在更高维度打赢下一场战争》

03　和客户对话必须有将军的水平

我们和客户对话的人不一定都是将军，但是他必须有将军的水平，这个水平有可能是后方平台给他提供的。我认为将来要有首席专家，首席专家可以配备五六个助理，这样就慢慢建立起一个个体系了。我们还要建立起求助系统，要能及时回答前方的问题，可以有几个助手来帮助解决这个问题，这样前方就不会着急尴尬了。

——2015年8月12日　任正非在运营商BG"三朵云"业务体验和阶段验收汇报会上的讲话《构建先进装备，沉淀核心能力，在更高维度打赢下一场战争》

04　和客户共同成功

我们要帮助客户理解和设计他的盈利模式，算清楚投入产出。公司的决策模式，一定要前移到让听得见炮声的人来呼唤炮火，让作战部队的员工在客户那儿就能让客户体验到公司的解决方案。我们要能真正帮助运营商建立信心，和客户共同成功。

——2015年8月12日　任正非在运营商BG"三朵云"业务体验和阶段验收汇报会上的讲话《构建先进装备，沉淀核心能力，在更高维度打赢下一场战争》

05 要实现客户可以到我们的代表处来体验

第一步,首先要实现客户可以到我们的代表处来体验。这点是受苹果公司的启发,苹果以体验为中心,在全球有 50 万个体验店,而我们现在还是以宣传和讲解胶片为主,这太落后了。我们要向苹果学习,将体验推送到客户身边,客户不需要飞到华为总部就可以体验到。第二步,我们要实现让重装旅员工可以带着超宽带的终端去见客户并演示,让客户直接体验。第三步,要做到可以给高端客户授权,让客户本人也能随时体验,当他给下属讲解的时候,其实就是在替我们做宣传。

——2015 年 8 月 12 日 任正非在运营商 BG"三朵云"业务体验和阶段验收汇报会上的讲话《构建先进装备,沉淀核心能力,在更高维度打赢下一场战争》

06 学习苹果优秀的售后服务保障

对于消费者 BG(业务集团)而言,就是要改善为优质用户服务的质量,包括产品质量、销售、售后……各个为用户服务的环节。我们还要贴近用户服务,把用户休验往前移。消费者 BG 要继续改善服务,客户服务就包括研发、制造、供应链一系列问题,要去系统规划。苹果在服务和体验方面值得我们深刻学习,他的直营服务我们要去履行。虽然我们现在还做不到,但是要认真努力地改变贴近用户的方法。比如,苹果最优秀的一点,就是自己做售后服务保障。所以消费者 BG 应该建立自己的售后服务队伍,在全国建立直接服务店。我们可以通过全国竞赛,把手机玩儿得好的小青年录用进来,再经过训练派往前线,进行服务咨询以及修理。这样一定会改变我们的服务形象。

——2015年8月27日 任正非在消费者BG 2015年年中沟通大会上的讲话《脚踏实地，做挑战自我的长跑者》

07　世界上对我们最好的是客户

其实我们的文化就只有那么一点，以客户为中心、以奋斗者为本。世界上对我们最好的是客户，我们就要全心全意为客户服务。我们想从客户口袋里赚到钱，就要对客户好，让客户心甘情愿地把口袋里的钱拿给我们，这样我们和客户就建立起良好的关系。怎么去服务好客户呢？那就得多吃点苦啊。要合理地激励奋斗的员工，资本与劳动的分配也应有一个合理比例。

——2015年10月10日 任正非在第四季度区域总裁会上的讲话《最终的竞争是质量的竞争》

08　价值观是坚持以客户为中心

华为公司的价值观是坚持以客户为中心。要把自己的质量做好，让运营商通过与我们合作获得好处，从而就会坚定不移地选择我们。我们也不卖低价，卖低价发低工资，那样我们的人都跑光了。我们是要真正地提高质量，竞争最本质的问题是提高质量。

——2015年10月10日 任正非在第四季度区域总裁会上的讲话《最终的竞争是质量的竞争》

09　不能为客户创造价值的流程是多余流程

不能为客户创造价值的流程是多余的流程，不能为客户创造价值的组织是多余的组织，不能为客户创造价值的人是多余的人，不能为客户创造价值的动作是多余的动作。这样，华为公司臃肿的机关情况就会得到改善。

——2015年10月23日　任正非在2015年项目管理论坛上的讲话

10　我们不是要求一人通才，而是要求团队通才

公司已经推出合同场景师路标，就是告诉一些优秀员工从专家走向综合性的成长。如果服务专家只懂得一点点，怎么能快速发现故障原因呢？当然我们不是要求一人通才，而是要求团队通才。合同场景师只是讲的一个方面，它代表华为公司的部分人才越来越综合化。专业人士也要越来越专业化，他们是更宝贵的财富，这是我们特别需要的专业人才。在特别的时候，要靠特别的你。

——2015年10月23日　任正非在2015年项目管理论坛上的讲话

11　高度重视服务专家的培养

未来我们要高度重视对服务专家的培养，关键是能快速找到故障的问题。现在大数据流量是一个综合性的网络，我们无法搞清楚故障点在哪里，服务的难度就越来越大。服务专家发现了问题，自己去修好，没有必要。关键是发现问题，修正问题很简单。所以服务具有不确定性，服务经理也是打出来的，自己要去反复练，技能要综合化。我们坚决反对替客户巡检的简单服务合同的承揽，更反对接受1个低端员工进来。这类代表处主任都是没有进攻能力的守城主任，各级干部部门要注意更换他们到合适的岗位上去。我们要承接高端服务，能创造更多利益的。

——2015年10月23日　任正非在2015年项目管理论坛上的讲话

12 要有正确的服务

正确理解客户需求、正确做出合同、正确录入合同、正确发货、正确交付、正确服务……每个环节都非常重要。

——2015 年 10 月 23 日 任正非在 2015 年项目管理论坛上的讲话

13 在小国竞争格局上，应以改善服务为中心

在小国竞争格局上，应以改善服务为中心，提供更优质的服务，不要去打价格战。因为小国可能总共就几十个基站，价格战没有什么用。我们就是踏踏实实地改善服务、改善功能，把"少将连长"派过去。提高一级，成本就增加了。那么同样为这个基站，我们的能力比别人强，能给客户提供更优于其他运营商的竞争能力，能让我们的客户得到收益，客户自然就会选择我们。

——2015 年 10 月 27 日 任正非在片联区域管理部小国工作思路汇报上的讲话《小国要率先实现精兵战略，让听得见炮声的人呼唤炮火》

14 思想比较综合的应该去做服务

在新员工分类的过程中，我们要讲讲未来的原理，思想比较专一的人应该进研发，思想比较综合的人应该去做服务。服务越来越难了，服务也是未来很重要的一个领域，服务的未来也需要"范弗里特弹药量"。

——2016 年 2 月 27 日 任正非在巴展和乌兰克的讲话要点《多路径多梯次跨越"上甘岭"攻进无人区》

15 小企业做大，就得专心致志为客户服务

小企业特别是创业的小企业，就是要认认真真、踏踏实实，真心诚意地为客户服务。小企业不要去讲太多方法论，就是要真心诚意地磨好豆腐，豆腐做得好，一定能卖出去的。只要真心诚意地对客户，改进质量，一定会有机会。不要把管理搞得太复杂。

——2016年3月5日　任正非接受新华社专访《二十八年只对准一个城墙口冲锋》

16 让他们真正去理解客户需求

我们今天集结2000多名高级专家及高级干部走上战场，让他们真正去理解客户需求，背上他们自己制造的降落伞，空降到战火纷飞的战场。"春江水暖鸭先知，你不下水，怎么知道天气变化？"

——2016年10月28日　任正非在"出征·磨砺·赢未来"研发将士出征大会的讲话《春江水暖鸭先知，不破楼兰誓不还》

17 服务是我们进攻中的重要防线

服务是我们进攻中的重要防线，网络容量越来越大、越来越复杂，维护越来越困难，任何新公司、黑天鹅要全球化，都不可逾越此障碍。没有多年的积累是不可能建立起来活的"万里长城""马其诺防线"的，我们这套历时28年建立的服务体系不是那么容易被超越的，特别是这条防线正在逐步人工智能化。

——2016年10月28日　任正非在"出征·磨砺·赢未来"研发将士出征大会的讲话《春江水暖鸭先知，不破楼兰誓不还》

18 强力销售的基础是可靠的产品、良好的售后服务

强力销售的基础是可靠的产品、良好的售后服务。我们要建立分层分级的用户服务系统。要把培训部水平提升到市场部的技术专家水平，承接新技术向市场系统传播的任务；学习1240的培训方法，让用户成为我们各地的支援助手。

——1995年12月26日 任正非在1995年总结大会上的讲话《目前我们的形势和任务》

19 不能以技术为中心，不能把自己的意志强加给客户

研发体系大多数人是工程师，渴望把技术做得很好，认为把技术做好才能体现自己的价值。简简单单地把东西做好，在研发中也许评价是不高的，而把事情做得复杂，显得难度很大，反而评价很高。这就不是以客户为中心，客户需要实现同样目的的服务，越简单越好。我们要使那些能把功能简简单单做好的工程商人得到认可，才能鼓励以客户为中心在研发中成长。因此，我希望大家不仅要做工程师，还要做商人，多一些商人的味道。这个世界需要的不一定是多么先进的技术，而是真正满足客户需求的产品和服务，而且客户需求中大多是最简单的功能。华为在创业初期是十分重视客户需求的。当时，客户要什么我们就赶快做什么，这帮助我们实现从农村走向城市。但当我们壮大后，就想把自己的意志强加给客户。客户需求量大但技术简单的东西，我们不去认真做到最好，反而客户不怎么用但技术很尖端的东西，我们却耗费很大的精力和成本做到最好，这就是以技术为中心。

——2010年8月26日 任正非在2010年PSST体系干部大会上的讲话《以客户为中心，加大平台投入，开放合作，实现共赢》

20 公司本着贴近客户的原则建立办事处和用户服务中心

以顾客为导向是公司的基本方针，公司本着贴近客户的原则在全国建有 33 个办事处和 33 个用户服务中心，与 22 个省管局建有合资公司，在莫斯科设立代表处，在其他国家正在兴建合资工厂，在东欧 10 多个国家安装了设备，为中国香港提供了商业网、智能网和接入网。为了满足用户的要求，我们还会做出更大的努力。

——1997 年　任正非在北京市电信管理局和华为公司 C&C08 交换机设备签订仪式上的讲话《坚持顾客导向同步世界潮流》

21 华为文化的特征就是服务文化

华为文化的特征就是服务文化，因为只有服务才能换来商业利益。服务的含义是很广的，不仅指售后服务，还包括从产品的研究、生产到产品生命终结前的优化升级，员工的思想意识、家庭生活……因此，我们要以服务来定队伍建设的宗旨。我们只有用优良的服务去争取用户的信任，才能创造资源。这种信任的力量是无穷的，是我们取之不尽、用之不竭的源泉。有一天我们不用服务了，就是要关门、破产了。因此，服务贯穿我们公司及个人生命的始终。

——1997 年　任正非在春节慰问团及用服中心工作汇报会上的讲话《资源是会枯竭的，唯有文化才能生生不息》

22 用服中心员工功不可没

8 年来，我们初期的产品水平不高，质量也不好，学生研究的产品散布在中国 960 万平方公里的土地上。而我们今天市场这么好，用户这么信任我们，是一俊遮百丑。用服中心的员工们，用青春和心血铺就了华为成功的道路。不管冰天雪地、烈日炎炎，在白山黑水、在崇山峻岭中，没有日夜的概念，终年奔波在维修、装机的路上，用户的需要就是命令。严冬由于雪堵死了道路，一困七八个小时坐在零下20多摄氏度的车上，烈夏挤在蒸笼般的长途车中。大年三十爬上高高的铁塔，为了维修我们在研究、生产中的一点点小小的疏忽。当我们坐在温暖的办公室内，他们却因为赶不上车，在车站外面徘徊；当我们一遍一遍接受培训，增加晋升机会时，他们却因公司发展太快，服务工作跟不上，一直待在远离公司的地方，一待就是两年没有回来一次。当我们与家人团聚时，他们却还在远离公司的地方坚守岗位。不站好这班岗，哪有市场。……我们这个时代最崇高的是责任心，最可贵的是蜡烛精神，他们照亮了公司消耗了自己。多么伟大的人格，多么高尚的情操！当我们获得辉煌时，他们仍然像萤火虫一样默默地发光。

——1997年 任正非在春节慰问团及用服中心工作汇报会上的讲话《资源是会枯竭的，唯有文化才能生生不息》

23 加强用户服务中心自身的建设

加强用户服务中心自身的建设，不断提高自身的能力、水平。用户服务中心已经从刚开始的维护小交换机逐步发展到目前这样一个较大的服务体系。我们的目标是建设一支铁军，能打硬仗、恶仗、大仗的队伍。目前我们做得还远远不够。公司产品种类越来越多，技术越来越复杂，你们不可能将所有的产品都搞明白，因此每个人要实事求是地设计自己的工作目标。

——1997年2月17日 任正非在用户服务中心1997年管理培训班上的讲话《加强用户服务中心建设，不断提高用户服务水平》

24 要一丝不苟地苦练硬功

要一丝不苟地苦练硬功，知己知彼才能百战百胜。你们不仅要对自己的产品非常熟悉，还应深入了解别人的机器，因为可能在连通机器时，就是别人机器的缺陷导致我们的机器开不通。

——1997年2月17日 任正非在用户服务中心1997年管理培训班上的讲话《加强用户服务中心建设，不断提高用户服务水平》

25 全世界的服务体系都是"肥肉"

用服中心是块"肥肉"，全世界的服务体系都是"肥肉"。销售会越来越难，而服务的面却会越来越宽。每年的销售是一个增量，而服务是以总量来衡量。如果我们每年的总销售额达到500亿元，你们的服务总量就会达到5000亿元；如果我们能从5000亿元中收到1%的服务费，那就是50亿元。华为目前的发展格局必将导致越来越多的技术精英不断地涌入用户服务中心。

——1997年2月17日 任正非在用户服务中心1997年管理培训班上的讲话《加强用户服务中心建设，不断提高用户服务水平》

26 仗打到哪儿，战线就跟到哪儿

我在美国考察了惠普公司的用户服务中心，他们把在全世界机器运行发生的问题用卫星传到总部集中维护中心，在软件上寻找问题，做仿真试验，找到问题所在后，再把新的软件用卫星加载到发生问题的机器上，让它运转起来。这不是神话，我们现在也要开始这样做。我们在许多国家开局了，仗打到哪儿，战线就跟到哪儿，用户服务的

范围、工作量会越来越大。用户服务中心今后的建设就是要面对客户，对成熟产品要有开发能力，要用技术文档一体化解决这个问题。

——1997年2月17日　任正非在用户服务中心1997年管理培训班上的讲话《加强用户服务中心建设，不断提高用户服务水平》

27　不要觉得做用服工作低人一等

用户服务中心建设时间较晚，当时公司正处于饥寒交迫时期，一手抓产品开发，一手抓市场建设，忽略了均衡管理，从某种程度上讲是在低层次上启动的。公司今年将在资源上、经费上加大对用服的投入，用户服务中心的地位也会得到提升。公司已经走出发展阶段的低谷，走上了良性发展的道路，已经有条件解决你们的一些问题。公司对中高层领导使用交通工具方面有一定的限制，我希望年轻的副总裁出差要坐经济舱，但我们的服务人员可以使用任何一种交通工具并被允许在200公里范围内使用出租车，以最快捷的方式向用户提供服务。公司以后将会逐步改善用服系统的交通工具、通信工具、开局工具、吃饭问题以及办公环境。用服人员要振奋精神，不要觉得做用服工作低人一等。

——1997年2月17日　任正非在用户服务中心1997年管理培训班上的讲话《加强用户服务中心建设，不断提高用户服务水平》

28　华为公司最高级的营销专家会从用服中心来

为什么未来华为公司最高级的营销专家，包括研究系统里面非常高级的专家会从用服中心来呢？我们的产品越来越复杂，在网上运用的地位越来越复杂，很多人研究自己的产品，实际上还不知道自己的产品在网上是怎么用的,那么这样的人在实际的运用过程中就会遇到很多困难。用服中心的这些硕士经过两年的循环锻炼,他就可以应聘任何一个岗位,他可以应聘到市场部来,他可能打开一个国家的网络图,把这个国家的网说明白了,这个几亿美元的标就中标了。我们现行的销售人员有没有可能做到这一步呢?可能还做不到。

——1997 年　任正非在第三批机关干部赴前线欢送会上的讲话《加强夏收管理　促进增产增收》

29　不能把服务全压在直接服务人员上

在市场营销上,两年来我们大转轨已初见成效。但我们占据的网的地位还很低,人均效益还很低,能独立担起重任的干部还很少,国际拓展力量不强,仍然是困难重重。今年公司销售额达 100 亿元的管理与服务措施还不得力。不能把服务全压在直接服务人员身上,各级干部、各个部门都要以客户满意度作度量衡,评价部门与自身的工作。培训工作与国际水平相距甚大。服务已敲响了我们的警钟,项目管理的麻痹已敲响了我们的警钟……要警钟长鸣,不懈努力。

——1998 年　任正非《狭路相逢勇者生》

30　管理与服务是华为生死攸关的问题

人才、资金、技术都不是华为生死攸关的问题,这些都是可以引进来的,而管理与服务是不可照搬引进的,只有依靠全体员工共同努力去确认先进的管理与服务理论,并与自身的实践紧密结合起来,以形成我们自己有效的服务与管理体系,并畅行于全公司、全流程。

——1998 年　任正非《不做昙花一现的英雄》

31 失去机会窗的原因，主要是服务和管理

没有合理的成长速度就没有足够的利润来支撑企业的发展。我们的企业生存在信息社会里，由于信息的广泛传播，人们的智力得到更大的开发和更大的解放，能够创造出更多的新产品和新技术来服务这个世界。信息网络的加速庞大，使得所有新产品和新技术的生命周期越来越短。如果不能紧紧抓住机会窗短短开启的时间，获得规模效益，那么企业的发展就会越来越困难。没有全球范围的巨大服务网络，没有推动和支撑这种网络规模化的管理体系，就不能获得足够的利润来支撑它的存在和快速发展。因此对华为来说，失去机会窗的原因主要是服务和管理，这是华为的战略转折点。

——1998 年　任正非《不做昙花一现的英雄》

32 没有服务就失去方向

没有合理的成长速度，就会落后竞争对手，最终将导致公司的死亡。那么，怎样才能使发展速度更快？只有靠管理、靠服务。没有管理就形不成力量，没有服务就失去方向。

——1998 年　任正非《不做昙花一现的英雄》

33 服务系统不计成本进行扩张，我们也会走向死亡

如果没有坚实的基础擅自扩张，那只能是自杀。大家想一想，如果我们的产品既不可靠，也不优良，仅仅是我们的广告和说明书写得很好，我们一下子撒出去一大批产品，那会是什么结局？如果我们又

没有良好的售后服务体系保障，我们面对的将会是一种什么样的局面？如果我们的制造体系不是精益求精，扎扎实实寻求产品的高质量和工艺的先进性，那么我们的产品使用在前方会有什么问题？当我们的服务系统不计成本进行扩张时，我们也会走向死亡。这些假设的问题都是要解决的，就是要造就坚实的发展基础。坚实基础如何造就？就要靠我们全体员工共同努力来推动公司管理的全面进步。

——1998 年　任正非《不做昙花一现的英雄》

34　学习 IBM 企业联盟案例

伯兰是 IBM 企业联盟构想的提出者，后来成长为几百人的部门。企业联盟就是 IBM 不先派销售人员去客户那儿推销硬件，而是先派一批程序员去与客户沟通，了解客户的需求，按客户的要求在 30～90 天内做一些客户需要的软件，这给客户留下很深的印象，客户在买机器时，一定会先想到 IBM。

——1998 年　任正非《我们向美国人民学习什么》

35　没有良好的服务队伍，就是能销售也不敢大销售

中国的技术人员重功能开发，轻技术服务，导致维护专家的成长缓慢，严重地制约了人才的均衡成长，外国公司一般都十分重视服务。没有良好的服务队伍，就是能销售也不敢大销售，没有良好的服务网络就会垮下来。我们与外国大公司交谈时，他们都陈述自己有一个多么大的服务网络。相比之下，华为发展并不快，资源使用上也不充分，还有潜力可以发挥。

——1998 年　任正非《我们向美国人民学习什么》

36　要把碉堡建到每一个前沿阵地去

第三点我想说的就是，我们今年最重要的市场举措就是建立地区客户经理部（地区客户代表处），要以改善客户关系为中心来建立，到时我们的客户代表管理部、国内营销部、区域机构管理部可共同对这个地区的客户经理部或地区客户代表处实施管理。这就是说，我们要把碉堡建到每一个前沿阵地去。中国总共有334个本地网，将来即使联通或是其他网络营销商估计也会按这种结构来布局，我们不分对象都提供优质服务。所以，我认为地区客户经理部的建立是非常正确的，它会使我们的工作做得更加精细，因为各个层面客户满意度的提高都是保证我们持续增长的基础。

——2000年　任正非在"市场部集体大辞职四周年颁奖典礼"上的讲话《凤凰展翅再创辉煌》

37　客户经理部就是一个个碉堡

我们在全国各地建立了很多合资企业，大家知道客户经理部就是一个个碉堡，而本地化合资就是通向这些碉堡的一条条战壕。我们在多层次上和客户建立了全方位的关系，我可以说这一点西方公司是做不到的，没有一个人会为西方公司卖命而到一个偏远的地方去守阵地，甚至守上几年不回家。西方公司实行的价值观和我们公司的价值观不一样，我们有很多在地区工作的地区客户经理非常辛苦，生活条件也很差，但是他们从不退缩。我们要把这一个个碉堡建立起来，今年还要再扩大这些碉堡的覆盖面，我们只要守住这一个个碉堡，挖通一条条战壕，就会有更大的收益。我们还可以用些收益反投进去改善服务，我们会有更好的条件。这是个战略的决策，因此各个部门、各个办事处主任都要认真进行这个部门的建立。

——2000年 任正非在"市场部集体大辞职四周年颁奖典礼"上的讲话《凤凰展翅再创辉煌》

38 我们和客户间的合作也应有原则

随着市场的发展，只要是客户关系比较密切的，都应该建立地区客户经理部。但是，我们和客户间的合作也应是有原则的，丧失了原则是不好的，无限制的屈从也是不能成功的。在改善客户关系方面也要有指导书，可以按照指导书去做。

——2000年 任正非在"市场部集体大辞职四周年颁奖典礼"上的讲话《凤凰展翅再创辉煌》

39 客户是华为的良师诤友，逼着华为进步

这十年，运营商始终是华为的良师诤友。他们在我国通信网络的大发展中，在与西方公司的谈判、招标、评标中，练就了一种国际惯例的职业化水平。用这种职业水准来衡量每一家竞标者，使得我们的标书规格差一点就不可能入围，更不可能中标；特别是我们的解决方案，要在先进性、合理性，低成本、高增值，优良的服务上与西方公司进行综合比较才有可能入围。他们的苛求迫使我们山沟沟的游击队也不得不迅速国际化。他们对网络的理解，远远超过我们年轻的研发人员。一次一次又一次的谈判、技术澄清，就是一步一步又一步引导我们的青年人真正读懂技术标准、读懂客户的需求。我们一群土生土长的青年人，很快成为世界领先产品的开发者，要感谢他们的引导。他们像严厉的诤友，逼着我们一天一天进步，只要我们哪天不进步，

就有可能被淘汰。他们时时处处拿我们与西方最著名的公司进行比较，达不到同样的条件就不被选用，逼得我们只有不断地努力，必须赶上和超过西方水平。没有他们的严厉和苛求，我们就不会感到生存危机，就不会迫使我们一天也不停地去创新，就不会有今天的领先。当然，也由于我们的存在，迫使西方公司改善服务、大幅降价，十年来至少为国家节约了数百亿元的采购成本，也算我们对他们的一个"间接"贡献。

——2000年 任正非《创新是华为发展的不竭动力》

40 企业必须管理与服务不断改进

我们认识到，作为一个商业群体必须至少拥有两个要素才能活下去：一是客户，二是货源。因此，必须坚持以客户价值观为导向，持续不断地提高客户满意度。只要客户100%满意，我们就没有了竞争对手，当然这是永远不可能的。企业唯一可以做到的，就是不断提高客户满意度。提升客户满意度是十分复杂的，要针对不同的客户群需求，提供实现其业务需要的解决方案，并根据这种解决方案开发出相应的优质产品和提供良好的售后服务。只有客户的价值观通过我们提供的低成本、高增值的解决方案得以实现，客户才会源源不断地购买我们的产品。归结起来，企业必须管理与服务不断改进。

——2000年 任正非《创新是华为发展的不竭动力》

41 从过去的客户经理制，转变到客户代表制

今年，他们又从过去的客户经理制转变到客户代表制。为什么呢？就是要加强自我批判的强度。客户经理的目标很明确，是单方向的、推介式的。而客户代表呢？首先他们必须代表客户，代表客户来

监督公司的运作。客户代表的职责就是站在客户的立场来批评公司，他不批评就失职；他乱批评，没有在整改中吸取他的批评，考评也不能好。他只有多批评并实事求是，使批评的内容得以整改，他才会有进步。这样，我们一定能从客户代表那儿听到批评意见。为什么实行这项制度呢？因为我们常常听不到客户批评了，客户认为我们的员工太辛苦，工作中有一点点错，告诉公司怕影响他们的进步，有意见也不提了。久而久之，我们会认为太平无事，问题的累积则会毁坏整个客户关系。而客户代表又不同，他的职责就是批评公司，大到发货不及时、不齐套；小到春节期间您装机，以为没人管您，在机房吃了东西。只要我们时时、处处把客户利益放到最高的准则，我们又善于改正自己存在的问题，那么客户满意度就会提高，提高到100%，（我们）就没有了竞争对手，当然这是不可能的，但企业的管理就是奋力去提高客户满意度。没有自我批判，认识不到自己的不足，何来客户满意度的提高。

——2000年 任正非在中研部将呆死料作为奖金、奖品发给研发骨干大会上的讲话《为什么要自我批判》

42 不是由优秀的人来组织，就是高成本的组织

研发相对用服来说，同等级别的一个用服工程师可能要比研发人员综合处理能力还强一些。所以，如果我们对售后服务体系不认同，那么这体系就永远不是由优秀的人来组成的。不是由优秀的人来组织，就是高成本的组织。因为他飞过去修机器，去一趟修不好，又飞过去修不好，又飞过去又修不好。我们把工资全都赞助给民航了。如果我们一次就能修好，甚至根本不用过去，用远程指导就能修好，我们将省了多少成本啊！因此，我们要强调均衡发展，不能老是强调某一方

面。比如，我们公司老发错货，发到国外的货又发回来了，发错货的运费、货款利息不也要计成本吗？因此要建立起一个均衡的考核体系，才能使全公司短木板变成长木板，桶装水才会更多。

——2001年　任正非在科以上干部大会上的讲话《华为的冬天》

43　要普遍搞好客户关系

我们有二百多个地区经营部，有人说撤销了可以降低很多成本，反正他们手里也没合同，我们还要不断地让他们和客户搞好关系。我相信这就是我们与西方公司的差别。我们每层每级都贴近客户，分担客户的忧愁，客户就给了我们一票。这一票、那一票，加起来就好多票，最后即使最关键的一票没投也没有多大影响。当然，我们最关键的一票同样也要搞好关系。这就是我们与小公司的区别。

——2002年　任正非《迎接挑战，苦练内功，迎接春天的到来》

44　企业之魂是客户需求

我们要建立一系列以客户为中心、以生存为底线的管理体系，而不是依赖企业家个人的决策制度。这个管理体系在它进行规范运作的时候，企业之魂就不再是企业家，而变成了客户需求。客户是永远存在的，这个魂是永远存在的。

——2003年5月25日　任正非在干部管理培训班上的讲话《在理性与平实中存活》

45　为什么进步很快？因为与客户交流多

"枪声就是命令"，我们说，需求就是命令，我们一定要重视客户需求。

以后的 IRB（内部评级）人员，要有对市场的灵敏嗅觉，就像香水设计师一样，能够灵敏区分各种香味，不能区分就不能当 IRB 人员。这种嗅觉就是对客户需求的感觉。那么，这种嗅觉能力来自哪里？来自客户，来自与客户聊天、吃饭。我一直给大家举郑宝用的例子。郑宝用为什么会进步很快？就是因为他与客户交流多。我们的接入网、商业网、接入服务器等概念都来自与客户交流，实际上就是客户的发明。很多知识智慧在客户手中，我们要多与客户打交道，乐意听取客户意见。客户骂你的时候就是客户最厉害的地方，客户的困难就是需求。

——2003 年 5 月 26 日 任正非在 PERB 产品路标规划评审会议上的讲话《产品发展的路标是客户需求导向 企业管理的目标是流程化的组织建设》

46 客户经理、产品经理每周要与客户保持不少于 5 次的沟通

市场体系要建立，不管国内还是国外，每一个客户经理、产品经理每周要与客户保持不少于 5 次的沟通的制度，当然，还要注意有效提高沟通的质量。我们一再告诫大家，要重视普遍客户关系，这也是我们的一个竞争优势。普遍客户关系这个问题，是对所有部门的要求。坚持普遍客户原则就是见谁都好，不要认为对方仅是局方的一个运维工程师就不作维护、介绍产品，这也是一票呀。一定要加强普遍的客户沟通，要把普遍沟通的制度建立起来，沟通不够怎么办？就降职、降薪。沟通做不了的员工要慢慢被淘汰掉。有些人是性格问题不能沟通，就转到别的岗位上去。

——2003 年 任正非在华为研委会会议、市场三季度例会上的讲话《发挥核心团队作用，不断提高人均效益》

47 研发所有的副总裁级人员也要每周有几次见客人

对研发所有的副总裁级人员也要建立每周有几次见客人的制度。研发副总裁的人员名单要报到客户群管理部，客户群管理部要把对他们的考核交到研发干部部。他们每周也要见几次客人，次数由你们定。坚持与客户进行交流，听一听客户的心声，我们就能了解客户好多想法。我们今天之所以有进步，就是客户教我们的嘛。不断地与客户进行沟通，就是让客户不断帮助我们进步。如果嘴上讲365天都想着产品、想着市场，实际上连市场人员、客户的名字和电话号码都记不住，还有什么用？

华为生存下来的理由是为了客户。全公司从上到下都要围绕客户转。我们说客户是华为之魂，而不是一两个高层领导，建立客户价值观，就是围绕着客户转，转着转着就实现了流程化、制度化，公司就实现无为而治了。所以，普遍的客户关系要推广。

——2003年 任正非在华为研委会会议、市场三季度例会上的讲话《发挥核心团队作用，不断提高人均效益》

48 信息产业最终优势是客户关系和客户需求

我们是世界上活得较好的公司之一，我们活得好是我们有本事吗？我认为不是，是我们的每一个发展阶段、每一项策略都刚好和世界的潮流合拍了。对未来，我们认为信息经济不可能再回到狂热的年代。因此，信息产业只能重新走到传统产业的道路上来，它不会长期是一个新兴产业。信息产业由于技术越来越简单，技术领先产生市场优势不再存在，反过来是客户关系和客户需求。市场部、研发部、公司的各部门都要认识到这一点，大家要团结起来一起为公司的生存而奋斗。

——2003年　任正非在华为研委会会议、市场三季度例会上的讲话《发挥核心团队作用，不断提高人均效益》

49　质量服务是生存办法

真正认识到"质量好、服务好、运作成本低，优先满足客户需求"是提升客户效力和盈利能力的关键，也是华为的生存办法。

——2004年4月28日　任正非在"广东学习论坛"第十六期报告会上的讲话《华为公司的核心价值观》

50　非决策层客户的费用要合适

客户接待工作一定要明确目的，加强策划。在此前提下，重要客户的接待质量还要提高，该花钱还要花钱，但是聚焦度加强的同时，客户接待的总体数量要适当减少。国内客户到国外考察要严格控制，国外客户到中国考察也要加强控制。陪同非客户人员出国要严格审查控制，非决策层客户的费用一定要保持合适水平，不能盲目抬高标准。华为是一个商业组织，一切费用支出都必须对我们的生存发展做贡献，没有贡献的事，我们绝不做。所有陪同非客户人员花的费用，以及那些超过规定的支出项目，全部要由客户经理自己承担，不准报销。对于用公司的钱去建立个人客户关系的，一经发现要严肃处理。

——2005年7月26日　任正非《华为与对手做朋友海外不打价格战》

51 形成"铁三角"作战单元

北非地区部努力做厚客户界面,以客户经理、解决方案专家、交付专家组成的工作小组,形成面向客户的"铁三角"作战单元,有效地提升了客户的信任,较深地理解了客户需求,关注良好有效的交付和及时的回款。

——2008年7月21日 任正非在地区部向EMT进行2008年年中述职会议上的讲话

52 在管道的硬件设计上使之与业界通用

我们在管道的硬件设计上,将推行标准化、通用化、简单化,使之与业界通用。像IT一样,实现软、硬件解耦,软、硬件各自升级。这样一旦我司出现危机,客户不用搬迁我们的硬件设备,就可以直接使用爱立信、阿朗、诺西的设备扩容,以减少客户的损失与风险,这样反而促进了客户对我们的信任。我们要致力于管道操作系统的开发,要有适应快速、大流量的简单、可靠、及时的操作系统,以服务客户。

——2012年1月19日 任正非在市场工作大会上的讲话《不要盲目扩张,不要自以为已经强大》

53 把有限的资源聚焦在为客户提供更好的服务上

据了解,华为在高端接待的商务出行中,客人坐头等舱,陪同的华为员工只能坐经济舱;客人如安排住五星级酒店,陪同员工不能住在同一个酒店,另住等级相对较低的酒店。我们反对奢侈浪费,要把有限的资源聚焦在为客户提供更好的服务上面。

——2013年9月11日 任正非《提倡节俭办晚会,节约会议成本》

54 集中优势兵力到优质客户，这就是田忌赛马

5G 率先突破了大带宽、多天线关键技术，取得了先发优势。我们要利用这个优势及制式换代的关键时间窗，优化全球格局。我认为要搞"田忌赛马"，我们的客户群是以国家客户为基础，集中优势兵力到优质客户，这就是田忌赛马。5G 市场选择要有集中度，我们要改善服务，改善对价值体系和后备队伍的培养，千军万马上战场。

——2018 年　任正非在上研所 5G 业务汇报会上的讲话《坚持多路径、多梯次、多场景化的研发路线，攻上"上甘岭"，实现 5G 战略领先》

55 如果市场不懂技术，怎么与客户沟通呢？

研发每年会固定流动出一定比例的人员到市场、服务等各个口去，带着技术去理解客户需求。如果市场不懂技术，怎么与客户沟通呢？新员工在研发工作的前两年原则上不流动，第三年开始考虑这个问题。所以，希望每个人珍惜在研发的机会，完整地完成一个小合同、小项目，一定要有成功实践经验，这样你就有了决断能力；有了研发经验，然后走向市场，在我们和客户之间的界面实践，就可以放大你的认识和看法。如果你到市场以后发现自己就是一个纯技术人员，不合适在市场成长，还可以回流。公司有小循环、中循环、大循环，最典型的大循环就是余承东、汪涛、陶景文……当然，希望你是成功实践才回流，不要灰溜溜回来，因为研发非常需要有战略洞察能力的人来做领袖。有些研发主管没有一线实践经验，不清楚前方状况，如何去驾驭架构呢？他们需要补上这一课。

——2020 年　任正非与战略预备队学员和新员工座谈会上的讲话《你们今天桃李芬芳，明天是社会的栋梁》

56 让客户像用电一样方便使用华为服务

当然我们期望以华为云优先为客户提供服务，但客户不一定会选择我们，只有华为云提供的云服务做到最好，客户才会优先选择我们。当然，云服务好的基础是华为云平台必须做得好，而不是技术支持人员没有让客户明白我们的云服务是什么，就塞给人家一堆"土豆"；或者"土豆"太多，有些没有用上。我们引导客户数字化，首先引导他们使用华为云提供的云服务。我们的价值观与宗旨还没有很好地体现在客户利益至上、我们的云服务上，我们还要踏实努力。让客户像用电一样方便使用华为的云服务，才是我们的目的。我们要集中优势兵力聚焦在做好我们的华为云平台及其提供的云服务上。我们现在存在的问题是一个服务能力、多个责任中心，力量碎片化。华为云首先要在极致性价比、可用性、数据安全性等基础能力上构筑核心竞争力；同时针对所聚焦的行业、聚焦的场景做好使能层，构建好云生态体系，构筑有竞争力的获客能力。

——2020 年 11 月 4 日　任正非在企业业务及云业务汇报会上的讲话

第六章

业务发展轨迹

HUAWEI

01 利用香港实现采购国际化

要逐渐启用香港分公司，利用香港国际金融中心和贸易自由港的地位，实现采购国际化。摸清国际市场的采购规律，把握国际电子元器件市场的供求关系。对市场长线物资实行无库存或少库存供应管理，充分利用社会库存，减少人力、物力的耗费和资金占用；同时要积极开展清仓查库，合理确定储备定额，不断完善存货的管理与牵制制度，积极处理超储积压物资，把死物变成活钱，推动社会资源的合理流动，要强化在产品和产成品的管理，积极开展压库促销，使公司的在产品和产成品资金控制在科学合理的限额之内。

——1995年1月9日　任正非在中央研究部干部就职仪式上的讲话《坚定不移地坚持发展的方向》

02 形势迫使必须进行大公司战略

华为公司积极争取本世纪末成为大公司，并进入国家大公司战略发展的行列。中国通信产业正飞速向前发展，并形成自己的民族通信工业。未来三年将是中国通信工业竞争最为激烈的时期，持续十年的中国通信大发展催生了中国的通信制造业，并迅速成长。由于全世界厂家都寄希望于这块当前世界最大、发展最快的市场，因而拼死争夺，形成了中、外产品撞车，市场严重过剩，造成巨大危机。大家拼命削价，投入恶性竞争，外国厂家有着巨大的经济实力，已占领了大部分中国市场，中国厂家仍然维持现在的分散经营，将会困难重重，是形势迫使我们必须进行大公司战略。泱泱十二亿人口的大国必须有自己的通信制造产业。对此，华为作为民族通信工业的一员，已在拼尽全力向前发展，争取进入国家大公司战略系列。

——1995 年　任正非在第四届国际电子通信展华为庆祝酒会上的发言

03　软件就给生产线和华为公司注入新的灵魂

我们拟用 3 年时间建立世界一流的生产工厂，这个一流主要指的是管理一流、工艺及设备一流、建筑群体一流。我们现在正在进行 ISO9000 工程、业务流程重整、管理信息系统引进，我们又有这么高的文化素质，两年之内达不到高的管理水平，是说不过去的。有了一个良好的管理系统，这个软件就给生产线注入了新的灵魂，也是整个华为公司管理的灵魂。我们将引进先进的生产设备，并自制多种配套关键设备，紧紧瞄准当代先进的测试水平及适合我们工艺的加工设备，建成具有国际水平的一流生产线，这是硬件、骨架。

——1995 年 12 月 26 日　任正非在 1995 年总结大会上的讲话《目前我们的形势和任务》

04　外衣都要第一流

龙岗的工厂我们将聘请外国设计公司进行设计，建筑群体会达到与世界交换机厂相比毫不逊色的水平,这是外衣。灵魂、骨架、外衣都有可能达到第一流,没有真正实现的,是我们的干部没有第一流。

——1995年12月26日 任正非在1995年总结大会上的讲话《目前我们的形势和任务》

05 物料采购工作要向国际化大公司看齐

物料采购工作要向国际化大公司看齐,要立足高起点、高水平,采用"请进来,走出去"的办法,大胆吸纳国内著名公司的优秀人才,充实我们的组织,不断将新思想、新方法融入我们的管理体系,不断解放思想,大胆工作,探索新思路,建立一个开放式的、勇于承担责任的、具有开拓创新精神的领导班子。我们将认真推行集中认证、分散采购、流动操作的工作方法,使人们的采购工作更加开放,更加适合我们自己产业扩张的需要。优化组织结构,规范认证流程,建立物料采购综合成本控制目标和实施计划,与供应商建立长期、稳定的伙伴式合作关系,拓展我们的业务领域。要建立集客户、供应商、华为人于一体的利益共同体。充分利用香港国际商业中心的优势,在公司下一步战略发展及国际化接轨过程中发挥窗口作用。

——1995年12月26日 任正非在1995年总结大会上的讲话《目前我们的形势和任务》

06 回款是生死攸关

我们的财务、审计系统,要在1996年内实现正规化,达到先进的管理水平。在今后的市场上,成本将是一个企业竞争力的标志,不能实现成本控制的财务体系是不合格的。因此，必须切实建立完整的成本核算、分析、控制管理系统，提供可信、可靠的信息决策依据。要建立稳定的催款组织结构，要像建立市场销售队伍一样建立一支涵盖各级网络结构的催款队伍，要配合公司的整体目标，组织、落实货款回收有效的管理构架，提高公司大市场的营销功能，要把货款回收当成公司生死攸关的事来抓。公司的大发展对融资工作不断提出高标准的新课题，资金工作在原有成绩的基础上，要更加广泛地拓展融资渠道，开拓海外银行间的业务渠道，利用多种国际渠道实施金融手段，有效利用国际金融资本的潜力。广泛吸纳年轻化、专业化、国际化的优秀财经管理人才，加强对资产经营的管理和控制能力，为实现全公司与国际接轨的目标奠定基础。审计系统要建立完备的、规范化的内部流程控制制度与执行审查制度。

——1995年12月26日 任正非在1995年总结大会上的讲话"目前我们的形势和任务"

07 只有敢于革命才能善于革命

历史上只有敢想才能敢干，只有敢于革命才能善于革命。他们这种敢于创新之魂，终于流入中央研究部数百人之魄。一个25岁身轻如燕、骨瘦如柴的李一男，担负起中央研究部总裁的担子，任期内要与国际接轨，不仅在技术上，人才的质量与数量上也要向年科研经费数十亿美元、研究人员16600的爱立信靠拢，担子之重，可以想象。我脑子里老想着他端着一体化网络平台，大喊"狭路相逢勇者胜"冲过独木桥，杀出一条血路的画面。

——1995年12月26日 任正非在1995年总结大会上的讲话《目前我们的形势和任务》

08　真正起作用的还是我们的内部机制

外部环境对企业的生存发展只能提供土壤，真正要有所作为，关键还在企业自身。我们看到，在同样的客观环境下，企业的发展也是不平衡的。一些靠国家政策取得较好生存条件的企业，其发展道路上也遇到来自企业内部的重重阻碍，而华为作为民营高科技企业，能够在行业政策并不完全有利于我们的情况下，以势不可挡的发展速度走到今天，真正起作用的还是我们的内部机制。而我们自身的改革，正是对这种内部发展机制的一种提升。改革的成功，将使华为在新的水平上进入发展的新阶段。

——1995年12月26日　任正非在1995年总结大会上的讲话《目前我们的形势和任务》

09　工资改革提高了劳动生产率

工资改革使企业的分配逐步步入合理化，调动全体职工的积极性，进一步提高了劳动生产率。1996年，我们要真正达到人均产值100万元，并以每年提升10%的比例使公司人力资源利用达到最优化状态，最大限度地发挥他们的优势与潜能。我们将逐步拉开差距，提高优秀人员的待遇，让雷锋先富起来，使千百人争做雷锋。

——1995年12月26日　任正非在1995年总结大会上的讲话《目前我们的形势和任务》

10　要顺向管理

我们建立了分层分级的顺向管理体系，严格、有序、民主的决策体系，合理有效的有限授权体系，使日常运行大权落在基层干部手里，使管理、制约、平衡大权握在大部门手里，使重大决策权在充分听取反映后，握在高层手里。与此同时，我们已逐步启动管理改革工作，正在建立矩阵式的逆向控制体系，使公司管理形成一个简捷的网络结构，使需要指导者以最简单、最快捷、最直达的方式获得支援，公司内每一件事、每一种内容仅有一个管理控制中心，大大压缩了组织平面，提高了效益。就有如我们的 08 机一样，均匀分配负荷，配置合理的中继，利用公共资源各自完成各自的程序，内存映射式的传递，极大的吞吐话务量。

——1995 年 12 月 26 日　任正非在 1995 年总结大会上的讲话《目前我们的形势和任务》

11　从一开始就高标准做好

我们即将开始的公司《基本法》的起草、业务流程重整、管理信息系统的引进、ISO9000 的贯彻，是促使管理体系更为科学合理的手段和措施，也是今明两年公司的战略重点。通过这些管理手段的实施，将充分保证公司的管理体系向标准化、科学化、国际化靠拢。

——1995 年 12 月 26 日　任正非在 1995 年总结大会上的讲话《目前我们的形势和任务》

12　万事起头难

当然，今天有些人要退一步，踏稳基础，是为了明天更好地进步。只有人才辈出，继往开来，才会有事业的兴旺发达。我们有个电源事业部，刚开始力量十分单薄，聂国良执政以后，拼命地挖掘和培养人才，而现在他们是公司博士最多的部门。这些人十分能干，不仅改变了工作局面，而且比聂更能干。聂没有地方坐了，我们就请他坐到主席台上来，做公司的副总裁，作为公司的第三负责人。以后凡是自己的事业没有接班人的，他就在那个岗位上站下去，一直站到被淘汰。只有事业平衡交接，您才会被提拔。

——1996年1月28日　任正非在市场部全体正职集体辞职仪式上的讲话《当干部是一种责任》

13　要精官简政

我们今年要坚定不移地优化组织、简化程序，调整富余人员。各级干部都要亲自动手做具体事，那些找不到事又不知如何下手的干部，要优化精简。不仅是精兵简政，也要精官简政。我们将进一步贯彻把没有实战经验的干部调整到科以下去的政策。我们以后要立这样一个规矩：在基层没有做好工作的、没有敬业精神的，不得提拔。我们不仅要重视员工的学历与自我训练，更要重实绩。任何虚报浮夸的干部都要降职、降薪。没有敬业精神的高级干部要调整职位，华为公司要永远充满活力，永远不允许有自满自足的情绪在公司高中级游荡。各个部门都要向市场部学习，重新考察你的干部，要进行优化调整。那种拉不开情面的领导，我们也想请他换一个位置，搬开绊脚石。

——1996年1月28日　任正非在市场部全体正职集体辞职仪式上的讲话《当干部是一种责任》

14　要努力宣传企业

前几年出差，我每次都提两大箱资料，应该说有人可以证明，每次扛着两大箱资料。有时候来接的车，一辆车还装不下，我是亲自带资料、带纸箱，而我们有很多人很潇洒，跟我出国，几个人都带自己行李的一个小包，我带大箱子装满礼品和资料，拖着箱子一次跑几个国家。这些年轻人很惭愧，他们缺少敬业精神，将来怎么做总裁。对市场部的人我讲过，谁拿小皮包出差就撤职，为什么不买一个像我的皮包那样的大包呢？里面多装几本说明书，到了会上多发几本出去，多播种。没有这种文化，企业怎么能发展起来呢？

——1996年6月8日　任正非在行政系统员工对话会上的讲话《要树立服务意识、品牌意识、群体意识》

15　拒绝自留地

宏碁电脑前两天在接受记者采访的时候，有一个说法，"传贤不传子"……我们也是这个政策，我们有许多优秀员工，像杨会贤、陈康宁，他们都是华为公司优秀的员工，都是十佳员工。他们到华为是非常早的，不摆老资格，现在还在那里忍辱负重地干，我们为什么不能学一学呢？我们不拘一格选用人才，但没有华为文化的人一定要下去，学习、锻炼完了再说，有情绪、有牢骚的就可以辞职。我们要有群体奋斗的意识，不允许各人种自留地。我们原来有两个同志，老爱种自留地。他跟我说："老板，你有一天会看到我们自留地种得很好，就会重视我了。"我说："我们不要自留地的菜，你的自留地种得很旺，我们谁也搞不清楚你这里是什么菜，菜园的围墙很高。"

——1996年6月8日　任正非在行政系统员工对话会上的讲话《要树立服务意识、品牌意识、群体意识》

16 要有长期规划

我们要全面实现国际接轨，在十年之内分三步走，用三年时间实现管理与生产工艺的国际接轨；用五年的时间实现市场营销国际接轨；用十年时间在多产品、多领域的研究、生产上与国际著名公司接轨。

——1996年6月30日 任正非在市场庆功及科研成果表彰大会上的讲话《再论反骄破满，在思想上艰苦奋斗》

17 不丢下一个

为了争取市场，八年来近千名"游击队员"们，在通信低层网上推广着华为技术并不高的产品，呕心沥血地维护这些产品的品牌效应，给我们的新产品进入通信网提供了资格证。我们的产品产生了这么大的覆盖面，是办事处人员用青春铺筑的。在转轨的今天，他们远离公司机关的文明，受培训的机会也少得多，因此各级干部对办事处人员的培养与帮助都负有责任，任何一个员工落伍，我们都问心有愧。市场部正在从游击队转向正规军，从人自为战、村自为战的"麻雀战"转向"阵地战"。大量的员工正在转训时期，大量的外来优秀人员加盟这支队伍，许多受过外国公司正规训练的骨干带来了他们科学且有效的新思维、新方法，充实我们的队伍。这些新的血液正在与传统融汇，相信两年后市场部一定会起飞，市场部正职集体辞职带来的深远内涵，也会越来越显示出来。

——1996年6月30日 任正非在市场庆功及科研成果表彰大会上的讲话《再论反骄破满，在思想上艰苦奋斗》

18 紧抓科研不放松

为了拓展明天的市场，（公司）每年从销售额中提取 10% 作为研究经费，紧紧抓住战略发展不放。1996 年研究经费达 1.8 亿元，1997 年会达 3 亿 ~ 4 亿元，本世纪末会达 8 亿 ~ 10 亿元。只有持续加大投资力度，我们才能缩短与世界的差距。为了实现这个目标，3 个月前我公司的员工住房率才 1.5%，最近才提升到 4%，到年底还不到 5.5%。这些博士、硕士、高级管理人员，多数至今还住在出租屋里，过着简易的生活。都是一句话，为了下世纪活得更好一些，为了祖国拥有自己的技术，为了中央领导在发达国家面前腰杆硬一些。一代创业者已销蚀了自己的健康，一代年轻的勇士又在步此后尘，前赴后继牺牲自己，为了祖国，也为了自己与亲人。

——1996 年 6 月 30 日　任正非在市场庆功及科研成果表彰大会上的讲话《再论反骄破满，在思想上艰苦奋斗》

19 要职业化

我们在进行第二次创业活动，从企业家管理向职业化管理过渡。我们正在进行《基本法》的起草工作，《基本法》是华为公司在宏观上引导企业中长期发展的纲领性文件，是华为公司全体员工的心理契约。要提升每一位华为人的胸怀和境界，提升对大事业和目标的追求。每个员工都要投入到《基本法》的起草与研讨中来，群策群力，达成共识，为华为的成长作出共同的承诺，达成公约，以指导未来的行动。使每一个有智慧、有热情的员工，都能朝着共同的宏伟目标努力奋斗；使《基本法》融于每一个华为人的行为与习惯中。我们正在强化业务流程重整的力度，用 ISO9001 来规范每一件事的操作，为后继的开放式网络管理创造条件；用 MRPII 管理软件，将业务流程程式化，实现管理网络化、数据化，进而强化我们公司在经营计划（预算）、经营统计分析与经营（经济）审计上的综合管理。

——1996年6月30日 任正非在市场庆功及科研成果表彰大会上的讲话《再论反骄破满，在思想上艰苦奋斗》

20 为进入世界市场做好准备

我们正在深入进行组织改革、企业文化教育，大量的优秀人才正在成长，优秀的老员工正在加紧学习，强化管理层和员工内部竞争机制，你追我赶的热潮正在进行。由莫贝克开始招考基层干部后，生产总部也在实施招考，市场部较大规模地推出新建职位的考选计划，一场由人们竞投基层职位的有益活动正在兴起，它深化了我们组织改革的内容，是华为人才辈出、欣欣向荣的一个侧面。同时，我们正在引入外国工程人员到我公司工作的计划，为两三年后进入世界市场做好准备。这对我们人力资源是一个大的挑战。

——1996年6月30日 任正非在市场庆功及科研成果表彰大会上的讲话《再论反骄破满，在思想上艰苦奋斗》

21 行政管理与业务管理相分离

我们正在试验行政管理与业务管理相分离，推动有序的分层管理组织与业务信息网络矩阵管理相互兼容。建立多层、多级、多专业的责任中心，通过有限授权，将推动业务运行的权力与责任下放到对事情最明白的机构和人的手里面去。建立开放的多层、多级专业管理平台，确保公司经营活动的迅速展开。每一个平面的责任中心，分工明确，责任清晰。通过多级责任中心的协调配合，就建立起开放的管理平台。无论何时何地、任何级别的员工，都会及时得到最直接、快捷的支持，使工作流程缩短，支持准确度增加，工作效率大幅度提高。支持是以对事而不是视人的级别而定的，以保证直线经营业务活动能够及时地做出有效的决策，实现各行政系统的工作目标与总体目标。换句话说，直线行政指挥系统，将充分利用多级业务管理平台，以及由秘书管理系统手拉手结成的网状业务信息桥，有效地对经营目标与利益分配进行管理。行政系统管理是纲、业务管理是目，纲举目张。

这种管理体系上的创新，将在根本上克服过去管理过程因信息不畅、失真而产生的瓶颈，并且使责任到位、分工明确，有利于各机构与各员工做出客观公正的评价，形成强有力的制约机制，从而获得管理上的进一步开放，大大提高工作的正确性与成效。

——1996年6月30日　任正非在市场庆功及科研成果表彰大会上的讲话《再论反骄破满，在思想上艰苦奋斗》

22　高薪不能养廉，要靠制度养廉

俗语说："是骡子是马，遛遛便知。"不让人上去试试，怎么知道哪个是千里马，怎么知道你品德好不好？华为公司初期主要是靠感觉来考评干部，但人的精力有限，靠感觉效率太低，因此华为公司的大发展遇到了阻力。华为公司现在所具有的潜在的力量要远远大于它所表现出来的力量，这与我们人才的作用没有得到充分发挥、整个运行机制没有完全理顺有关。我们过去把德放在非常重要的位置，比如说，物料部这些年为华为公司的发展做出了巨大的贡献。当年公司就是把那些最优秀的人、品德最好的人一个个往那里调，他们对公司的发展起到了不可磨灭的作用。但是现在物料采购员的招聘也在改革，就是要管理制度化。高薪是不能养廉的，必须靠制度来养廉。

——1996年8月11日 任正非在市场部内部竞聘现场答辩会上的讲话《胜负无定数，敢搏成七分》

23 规范化、制度化

华为现在要走向规范化、制度化的管理，走向第二次创业。第一次创业和第二次创业有本质性区别，是一个企业从小到大必经的过程。当一个企业在初创阶段时，企业家本人担负着多种角色，但是当进入二次创业时，大量的优秀人才进入企业，要建立结构、建立制度，要程序化，要重新调整利益的分配格局，这样才能吸引更多的优秀人才到企业里来，成为企业的核心。企业进入二次创业时，创业者的能力、精力已不足以处理他原来所承担的职能，这时候他就必须培养出职业化的管理阶层。一个企业达到股份化、国际化、集团化、多元化，也是进入二次创业的标志。二次创业是一个非常模糊的时期，目前来说，就是当公司发展到一定时期，我们需要非常多的干部，担任各项职务，分担一定的责任和压力。其实公司去年就已开始了组织改革，口号是"分责、分权"。目前公司存在的矛盾是多中心造成的。其实这种中心运作方式出现本身，就预示了第二次创业的开始。

——1996年8月11日 任正非在市场部内部竞聘现场答辩会上的讲话《胜负无定数，敢搏成七分》

24 华为面临如何评价历史功臣的现实问题

华为目前还面临着如何评价历史功臣的现实问题。在华为生死存亡的关头，他们拼死杀出一条血路来。发展到现在是肯定他们，还是不肯定他们呢？我们肯定又要否定，肯定与否定是交织在一起的。但如何肯定他们、如何否定他们，非常复杂，不好解决。我们已经走到"知本主义"这条路上，把知识作为本钱。知识里面已隐含贡献，历史贡献在企业中以股权形式得到补偿。职位降下来，个人收入不一定会有很大影响，因为股权收入与资历挂钩，工资奖金与能力、贡献挂钩。这样适当分流缓和了矛盾，能解决一部分问题，但还是不能完全解决问题，因此我们要对老员工不断培训，给他们提供转换机会，能转换一个就争取一个，能转换两个就争取两个，转换不了的要给一个合理的岗位调整。

——1996 年　任正非谈秘书体系建设问题《秘书体系是信息桥》

25　贯彻能上能下的思想

我们从上到下始终要贯彻能上能下的思想，这是三五年内最重要的课题，能干什么就应该去干什么。我们现在实行干部的招考制度、选聘制度，给新人、老人提供了很多机会，逐步解决中低层干部的问题。企业在天翻地覆的转型变革中，最重要的问题是干部问题，华为必须在本世纪内完成转型，如果拖到下世纪，压力就太大了。

——1996 年　任正非谈秘书体系建设问题《秘书体系是信息桥》

26　设立统计控制室，这是品质工作的一大进步

设立统计控制室，这是我们品质工作的一大进步，怎么进行统计控制呢？对产品的跟踪是很重要的。你们老说信息没有来源，可以把品质报告发到各相关的工程师手中，然后将反馈报告收集起来。没有人愿意做，我们可以出钱买，比如 5 块钱买一份报告，再不行，10 块

钱买一份报告。花钱买批评是买得来的。我们最早建立信息系统的时候，卡片是买来的，后来由于没有付钱，信息来源就不畅了。要建立一个质量信息反馈收集奖励制度，每年可以分几次对所有质量的反馈报告进行评选，并设一、二、三等奖。一等奖不一定只有一个，可能有五六十个，二等奖也可以有五六百个。信息反馈来源于各个生产工作岗位，而质量体系的人员对报告进行评审、分析，然后解决问题。对解决问题的反馈，可以设解决问题奖。品质管理其实也是一种控制方式，统计是一种巧妙的方法，一定要控制起来。我们既然发奖金、退休金、福利金等，那么为了质量进步，为什么不能发点质量反馈金呢？

——1996 年 11 月 13 日　任正非在品质系统工作会上的讲话《做好基础工作，逐步实现全面质量管理》

27　加强员工培训教材的出版工作

编委会将来要加强员工培训教材的出版工作，将增加一个编辑部。请杨汉超将编辑委员会调整一下，请一些技术好、外语也很好的人调到编辑部做编辑工作。编辑要高一个层次，因为他主要起审核作用。我认为华为公司对全局性的、有共性的培养内容应尽快形成教材，在公司内部作为教材出版。该花的钱，就得花！印刷的数量不要太大，除了需要的发行数量外，还要余一点，只保留一段时间，可以给新员工培训用。但必须注意改版的问题，不能一个版本投进去之后，就老用这个版本，不能偷懒。有些书，很长一段时间都是一个版本，这就是懒惰。懒惰的工作程序只是拷贝、复印，赶快发行，而不去改进，必须纠正这种作风。生产总部的教材编写试点工作，我们是会支持的。著书立说可以署名，谁当的责任编辑也可以署名，改版的人也可以署名，但要写清楚在谁的版本上修改和在原版上有哪些改进。每改一次都应该这样做。这样就使得我们公司在教材的问题上滚动起来，有继承和发展，从而更好地推动这项工作。将来评功摆酒的时候，这就是你的一项成绩。同时，你们慢慢将教材整理好、归纳好、印刷好后，我们到国外建厂时，就可以去拷贝工厂。比如去几个管理干部，拿一大堆培训教材，还有 ISO9000 的文件和《基本法》，我们就进入了一个国家，就进行了工厂的拷贝。

——1996 年 11 月 21 日　任正非在人力资源部培训工作汇报会上的讲话《培训——通向华为明天的重要阶梯》

28　华为大学培训很灵活

我们要办什么样的华为大学？首先，华为大学没有固定的场所，没有固定的组织形式。其次，它是一种以自学为主的教育引导体系。它主要是通过引导干部员工不断进步，严格要求自己、约束自己，使自己向着目标逐步迈进。这就是华为大学的真谛。就像徐立新讲的那样，每位员工必须对自己的职业生涯进行设计，进行真正的个人设计！每个人目标设计的发展方向都不相同，培训需求与内容自然也各不相同，而我们只能满足华为公司有全局性的、共同性的培训需求。为每一个人进行一系列各不相同的培训，我们没有条件，也没有必要。但是我们有自学引导体系。比如说我们有小卖部、有图书馆，好书进到这儿来，以成本价来鼓励大家购买，然后大家回去自学，这就是自学引导，也是华为大学的特征。这种脱离共性培养、走向个性培养的方式主要靠自学。那么自学大学怎样办呢？可以定期开一些演讲会、讲座、研讨会，主题你们自己可以提，向人力资源管理部申报。

比如，最近你对某一个问题认识很深刻，有一篇论文，确信非有价值，想给大家讲一讲，你可以先发个启事，谁愿意听课谁签名。喔！一看有三十多个愿意听！接着就发一个通知，说某个星期天，你可以讲一个小时。如果有价值，公司可以付课酬，听课的人也会非常感谢你带给他的收益。如果没有价值，那么演讲完了后，你得请听课的人吃顿饭，大排档，一人一碗炒粉也行，算是对大家的一点补偿。

——1996年11月21日 任正非在人力资源部培训工作汇报会上的讲话《培训——通向华为明天的重要阶梯》

29 每位员工都必须进行自我人生设计，但是要实事求是

每位员工都必须进行自我人生设计，但是要实事求是地进行自我设计。我们讲"爱一行、干一行"，你不爱，你就别干。同时"爱一行、干一行"也要实事求是，比如开发部的优秀高级工程师要设计当总裁，我认为这种设计不矛盾。如果设计的未来是当医生，我要说你是胡来。不能爱得太多，泛爱，这不行。

——1996年11月21日 任正非在人力资源部培训工作汇报会上的讲话《培训——通向华为明天的重要阶梯》

30 高速发展时期英雄辈出

华为公司目前正处在高速发展的时期，给英雄辈出提供了一个非常大的舞台。我们有非常多的干部是跑步到位的，特别是市场部的干部。先是一个人扛着一杆大旗去宣传、招聘，就在那个地方做了官，然后队伍扩大了，就成了游击队长。后来由于市场发展得太快，就开始了竞聘，聘上者就开始工作，这比以前科举考状元要放宽得多。这种

以才为主，才德兼备的选人方式就产生了英雄辈出的现象。我们看到许多我们不很熟悉的人都干得很不错，这是公司高速发展时期的必然产物。

中国春秋战国时期是思想非常活跃的时期，也是英雄辈出的时期。任何一个快速发展的环境都会给人们充分表现自己、充分施展自己的才华提供很好的舞台，从而造成思想的繁荣。我认为我们华为公司员工的思想、考虑问题的方法越来越成熟，我们的文化特色越来越鲜明，这些是我们公司大发展的良好基础。当然，在这种跑步就位以才选人的过程中，我们也是有差错的，有人利用我们的信任干了一些不是很好的事情。是把权力收回还是继续把权力下放，同时加强监督和调控措施呢？我认为我们不能因噎废食，我们必须继续把权力和责任都放下去，同时加强干部的挑选，就是将选择优秀的干部制度化。对一些利用了权力和机会却表现不好、干得不好的干部，我们要予以制约和淘汰。

——1996年12月28日　任正非在优秀员工报告会上的讲话《团结起来接受挑战，克服自我融入大我》

31 市场部集体辞职将记入华为历史的纪念碑

《华为人》报上有人提出口号"烧不死的鸟就是凤凰"，能上能下，经受住大风大浪的考验，肯定是很有意义的。市场部的集体辞职，这种制度化的让贤在我们第二次创业过程中是有巨大意义的。这个意义3~5年以后才有资格来评价，从现在情况来看，积极意义已经很明显了。市场部集体辞职将被记入华为历史的纪念碑。我们所有干部都要向这些人学习，他们真正抛弃了自我、融入了大我，真正是把公司的利益作为最高的利益。市场部集体辞职会在公司的各个部门、各个领域产生巨大影响。我非常赞成"烧不死的鸟就是凤凰"这句话，让历史来检验你、时间来检验你，而不是那个个人的感情来检验你。

——1996年12月28日　任正非在优秀员工报告会上的讲话《团结起来接受挑战，克服自我融入大我》

32　从做出产品到做好产品

1996年，是华为不平静的一年，推出TELLIN智能网；开始组织起草《华为基本法》；进行业务的流程重整；市场部集体辞职；国际市场试水，C&C08首次在香港和记电讯商使用。这一年实现销售收入26亿元。在管理上，1996年，华为形成产品战略研究规划办公室、中央研究部和中试部三大系统，产品战略研究规划办公室的目标是回答"做什么产品"，以避免做错产品；中研部，主要组织产品的会战，一旦认定产品潜力，就全力以赴地攻坚，目标是"做出产品"；中试部成为华为研发体系的重要一环，其使命是加快产品研发成果的成熟化，目标是"做好产品"。

——1996年　任正非在管理改革工作动员大会上的讲话摘要《不要叶公好龙》

33　读书容易，"读人"难

在这次改革的大好形势面前，我们有两个不要"叶公好龙"：一是在大好形势面前不要"叶公好龙"；二是在个人发展和改革面前不要"叶公好龙"。否则，我们将永远处在小公司的管理水平上。这次改革对公司很重要，是本世纪公司起飞的基础，在座的各位要努力提高自己，争取将来能挑起更重的担子。公司还缺乏管理干部，你们还缺乏锻炼，特别是现在市场发展很快，缺少大量的人才上前线。大家知道，读书容易，"读人"难，尤其是从事市场、对外发展、管理等工作的干部更要"读人"。

——1996年 任正非在管理改革工作动员大会上的讲话摘要《不要叶公好龙》

34 为从前方回来的员工提供更多的培训机会

我们呼唤英雄。我们要特别为从前方回来的员工提供更多的培训机会，改进培训的手段，大力发展电化教学，使公司各种好的培训能普及到天涯海角。我们任何一个到前方去的技术与管理人员，都至少要抽一个小时在办事处讲一堂课。做不到这一点的，考核中的团结合作就要打折扣。

——1997年 任正非在来自市场前线汇报会上的讲话《不要忘记英雄》

35 小岗位有大作为

公司创业初期，是十分艰难的。工资很低，组织不健全，使得有的干部工作十分的繁重。杨琳所在的部门就是其中之一。我们那时的出版系统尚未健全，他们的几台复印机就成了公司的印刷厂。公司排山倒海的市场宣传，就靠她们几十双小手在那儿频频翻舞。不停的展览会、推广会，秘书们比主管还要忙，会前、会后有多少无人知道的小事。堆积如山的文件和用具与之相伴，（她们）起早贪黑忙碌着。公司的秘书系统至今还没有出一位英雄，我想杨琳应算一名英雄了吧。

——1997年 任正非《悼念杨琳》

36 建立一个科学的、有效的文件体系

1996年在公司建设以"宽频带、高振幅"的工程专家为主的中间试验系统的思想指导下，经历了一年的筹建，已逐步形成了一把为产品试验服务的大筛子，形成了对产品试验通用的工具平台，并继续用现代化的测试设备武装起来，科学化、数据化地评价新产品。

公司所谓的巨大无形资产，实际是技术文档的一体化得到认同并开始贯彻。从面对未来到面对用户研究目标的转移，市场意识已在产品研究试验中萌芽。多数研究人员都开始明白，不能继承的技术在信息领域中就是垃圾，继承和发展的主要基础是科学合理的文档管理。公司也准备投巨资引进文档管理系统，建立一个科学的、有效的，而不是保管性的文件体系。

——1997年 任正非在机关干部下基层，走与生产实践相结合道路欢送会上的讲话《自强不息，荣辱与共，促进管理的进步》

37 紧紧追赶一切优秀的竞争伙伴

华为成立十年来，本着不断学习的思想原则，不断鞭策、鼓励自己，紧紧追赶一切优秀的竞争伙伴，逐步形成了自己的产品系列。我们永远不要忘记，04机开创我国程控交换机发展的艰难历程，是巨龙为我们铺平了08机发展的道路；继而邮电院所在SDH上的突破，率先打破了国外企业对我国光传输的垄断，华为也相继推出了SDH，在10G以下形成了优秀的光传输产品系列，已开始出口国外；在大唐成功完成GSM的鉴定后，我们的GSM系统也投入了鉴定。大唐率先在移动通信的突破，使国外厂家纷纷降价，将为国家节约数十亿美元的采购费用，也为国家争得了荣誉。我相信华为GSM投入生产后，会

成为他们的同盟军。一切正派经营的厂家都是我们学习的榜样，我们将会在竞争的基础上，加强沟通、加强合作，携起手来，在党和政府的英明领导下，共同为振兴民族通信产业贡献力量。

——1998年　任正非在GSM鉴定会后的答谢词《在自我批判中进步》

38　创业是艰难的

大家想一想，五六年以前，徐文伟、郑宝用、李一男等对交换机了解有多少？也就是用万用表在测量一台40门的小交换机，洪天峰还不知道什么是交换机，那个时候是在什么样的困难条件下进行开发呢？事实上，公司几乎没有钱买仪器、买万用表。所以，徐文伟后来有一篇文章的题目就是《用万用表及示波器来认识交换机》。但是，现在我们公司的交换机已经可以跟世界著名的公司在市场上进行较量了，在许多功能业务上比他们还多，只不过我们的质量还没有他们的稳定。

从今天开始，在座的和没有在座的青年们，如果你们用规范化的工作方法和开放性的新的思维进行科技开发，那么，在5~10年后的中国大地上，在世界的科技舞台上，你们将有什么样的地位是可想而知的，至少在座的有相当一些人在世界上是可以排得上名次的专家、学者和商人。在这一点上，市场部的野心就比你们大，他们动不动就称自己是国际营销专家，但你们却没有。我想把希望寄托在你们身上。我们公司的优点是年轻，我们公司的缺点也是年轻，年轻充满了希望，但年轻没有经验，难免做事转来转去的。

——1999年2月8日　任正非在"创业与创新"反思总结交流会上的讲话《创业创新必须以提升企业核心竞争力为中心》

39　坚持压强原则

在华为创业初期，除了智慧、热情、干劲以外，我们几乎一无所有。从创建到现在华为只做了一件事，专注于通信核心网络技术的研究与开发，始终不为其他机会所诱惑。敢于将鸡蛋放在一个篮子里，把活下去的希望全部集中到一点上。华为从创业开始就把它的使命锁定在通信核心网络技术的研究与开发上。我们把代理销售取得的点滴利润几乎全部集中到研究小型交换机上，利用压强原则，形成局部的突破，逐渐取得技术的领先和利润空间的扩大。技术的领先带来了机会窗利润，我们再将积累的利润投入升级换代产品的研究开发中，如此周而复始，不断地改进和创新。今天尽管华为的实力大大地增强了，但我们仍然坚持压强原则，集中力量只投入核心网络的研发，从而形成自己的核心技术，使华为一步一步前进，逐步积累到今天的世界先进水平。

——2000 年　任正非《创新是华为发展的不竭动力》

40　新三年，旧三年，缝缝补补又三年

好几次在贝尔实验室交流的时候，他们都问我华为为什么能成功。我说我们理解了中国客户的需求。我借用了中国古时候婆婆给媳妇说的一句话，"新三年，旧三年，缝缝补补又三年"来说明华为对技术与产品的看法。我们认为客户一般都是希望在已安装的设备上进一步改进功能，不会因新技术的出现而抛弃现在的设备，重建一个网。因此，当全球的主要通信设备制造厂家放弃了对现有交换机的研究开发，而全面转入了未来的下一代 NGN 交换机研究时，我司仍然继续对传统交换机的研究投入不动摇。不幸的是全世界的营运商在 IT 泡沫破灭

后，都是与中国电信的观点一致，不再盲目追求新技术，而是更多地考虑网络的优化与建设成本，结果我司在传统交换机供应量上，成了世界第一。西方泡沫经济破灭后，西方公司又开始动摇他们对下一代NGN 交换机的推崇，不知道世界下一步的潮流走向，产生了迷茫。又由于财务状况不好开始大量裁员，以致精力顾不过来。我们却在 NGN 上也一直往前冲，下一代交换机我们又赶上他们，进入了世界前列。传统交换机我司占世界总量的 16%，但下一代有可能就占世界总量的28%。这就是我们真正理解的客户需求，把客户需求看作真理，然后在世界市场上得到很好的结果。

——2004 年 4 月 28 日　任正非在"广东学习论坛"第十六期报告会上的讲话《华为公司的核心价值观》

41　从法律中悟出了市场的运行机制

通信市场需求量虽如此大，客户却很少，而这些采购巨额数量的客户水平之高，也是小公司难以适应的。通信产品技术上要求如此苛刻，是因为电信网络是全程全网，任何一小点缺陷就造成与全球数十亿用户无法准确连接；当时通信产品技术含量高、利润高，导致世界上所有的大电子公司都聚焦在上面竞争，实际上是寡头之间的竞争。我们当时就像一只蚂蚁，站在大象脚下在喊要长得与它一样高，现代唐·吉诃德。

20 世纪 80 年代初，我对市场经济一窍不通，也受了一些严重的挫折，在挫折中学习了许多国际法方面的东西。我用一年多的时间学习了许多法律，从法律中悟出了市场的运行机制，它对一个企业来讲有两件重要的事情：一是客户，二是货源。政府的管制就是管制这两者的交易必须在法律框架及协议基础上运行。这两个要素中，客户是不可控制的，也是不能够控制的。企业唯一的可能就是控制货源。

——2008年6月13日　任正非在网络产品线奋斗大会上的讲话纪要《让青春的生命放射光芒》

42　要控制市场而非技术

我们是从交换机起步的。当时风行中国的是一部由几个香港青年研制的40门模拟交换机，后来在珠海合资生产。我们虽然作为他们的代理，但经常得不到供货，让客户逼得不知如何是好，差点让人当成骗子。当时我们的合作伙伴是石油部物探局，那时他们的经理周良叔对我讲："你要控制的是市场，技术谁也长期守不住的，要放开，不要怕。"继而来自石油的专家刘伯荣、王菁开始投入试制。那时的交换机还是单层板，用复印机精确一比一地复印印刷板。工具就是万用表、示波器。后来邮电部让珠海合资企业将BH01的资料，以3万元一套的价格卖给全国数十个厂家，我们的仿制也合法化了。我们自己研制的交换机是从HDJ48开始的，郑宝用等几个刚从学校毕业的学生一边看着南京邮电学院陈锡生的《程控交换原理》一边设计软件及硬件的。根据教科书来设计产品，也说明我们那时的基础。后来在版本升级时，得到北京邮电学院陈俊亮、程时端老师的指导。我们走到今天真是不容易的。

——2008年6月13日　任正非在网络产品线奋斗大会上的讲话纪要《让青春的生命放射光芒》

43　终端公司应该是低工资、高奖励

别梦想了。我担心你们不可能做世界第一，第二、第三都难。你

们不可能超过三星，韩国人最顽强拼搏。短时间在苹果这种垂直整合模式上，没有看见你们的机会。Nokia 有这么大的规模，中间还夹有"饼干"，还有索爱啊、LG 啊、中兴啊，虽然规模没我们大，但比我们有竞争力。你要做世界第一，你得一步一步走。说网络走在大路上，他们是二十年这么爬过来的呀。终端也要一步一步走。不要看人家走在大路上，你还走在小路上，只有从小路才能走到大路上。世间没有神仙皇帝，也没有救世主，全靠我们自己。不是我们规划一个美好的未来，你们就能实现了。梦想不能光有梦，没有实际的东西就是乱想。我认为终端要实际改变自己，要从内部因素改变，首先要改变内部分配机制和外部分配机制。外部分配机制苹果已经做了很好的榜样，内部分配机制华为给你们做了很坏的榜样。华为这个机制就是培养懒人的、怠惰的、保守的。终端公司应该是低工资、高奖励。要敢革命，不敢留下革命的，可以回华为技术。不改革分配机制，就没有梦想。

——2010 年 12 月 3 日　任正非与终端骨干员工座谈纪要《做事要霸气，做人要谦卑，要按消费品的规律，敢于追求最大的增长和胜利》

44 警惕公司内部的思想混乱，主义林立

到 1997 年后，公司内部的思想混乱，主义林立，各路诸侯都显示出他们的实力，公司往何处去，不得要领。我请人民大学的教授们一起讨论一个"基本法"，用于集合一下大家发散的思维，几上几下的讨论，不知不觉中"春秋战国"就无声无息了。人大的教授厉害，怎么就统一了大家的认识了呢？从此，开始形成了所谓的华为企业文化，说这个文化有多好、多厉害，不是我创造的，而是全体员工悟出来的。我那时最多是从一个甩手掌柜，变成了一个文化教员。业界老说我神秘、伟大，其实我知道自己名实不符。我不是为了抬高自己而隐藏起

来，而是因害怕而低调的。真正聪明的是十三万员工，以及客户的宽容与牵引，我只不过用利益分享的方式将他们的才智粘合起来。

——2011年10月31日 任正非在无线业务汇报会的讲话纪要《力出一孔，要集中优势资源投入在主航道上，敢于去争取更大的机会与差距》

45 迎接超宽带时代

超宽带时代会不会是电子设备制造业的最后一场战争？我不知道别人怎么看，对我来说应该是。如果我们在超宽带时代失败，也就没有机会了。这次我在莫斯科给兄弟们讲，莫斯科城市是一个环一个环组成，最核心、最有钱的就是大环里，我们十几年来都没有打进莫斯科大环，那我们的超宽带单独在西伯利亚能振兴吗？如果我们不能在高价值区域抢占大数据流机会点，也许这个代表处最终会萎缩、边缘化。这个时代在重新构建分配原则，只有努力占领数据流的高价值区，才有生存点。我们已经打进东京、伦敦……相信最终也会打进莫斯科大环。

——2013年9月11日 任正非《提倡节俭办晚会，节约会议成本》

46 迎接4K高清电视时代

比如4K高清电视，现在北京、深圳都还做不到，但四川全省连边远农村用的都是4K高清电视，就是我们和四川电信合作做的。4K电视会把带宽、信息管道撑得很大。手机很快也是2K了，也会把信息管道撑大。这么大的管道一定要有人来做！4K现在还没有到来，VR（虚拟现实）就要到来了，还能互动，流量会远远大于4K。这是阻挡不住的社会发展趋势，也是巨大的战略机会。香港、澳门马上也会实现。四川的实践证明，普通的农村也可以享受很高的带宽。

——2016年2月27日 任正非在巴展和乌兰克的谈话要点《多路径多梯次跨越"上甘岭"攻进无人区》

47 小心后有追兵

为什么我很担心时延的问题？时延问题是未来最大的挑战，是移动产业进行转型的关键所在。一旦时延卡住我们华为前进的步伐，就会让后面的追兵追上来了。

——2016年10月31日 任正非在上研听取无线网络产品线业务汇报纪要《聚焦主航道，眼望星空，朋友越多天下越大》

48 要思考物联网怎么与产业链分享共建

无线积极拓展物联网这些垂直行业非常好，但要思考我们搞的物联网怎么与产业链分享共建。现在航天业发射了卫星，就把一些流量吸到卫星上去了。物联网在大海上怎么办？在没有4G/5G移动网的地方，包裹怎么跟踪？我们要综合思考这些问题，联手各方来做大产业。

——2016年10月31日 任正非在上研听取无线网络产品线业务汇报纪要《聚焦主航道，眼望星空，朋友越多天下越大》

7

第七章

授权管理

HUAWEI

01 确立基本法，避免孤注一掷

万国证券公司，是很有业绩、很有成绩的，做得有声有色。但是，由于内外种种压力，他们的总裁违反证券市场的操作法规，突然孤注一掷，抛空国债。……那么，华为公司会不会垮掉呢？比如说我会不会也去孤注一掷呢？完全可能的。因此，我们必须有一个《基本法》来确立华为公司的层层管理体系，确立层层动力和制约体系，这样，公司的发展才能有序有规则。

然而，这个有序有规则不是一天两天就可以实现的，将是非常漫长、很艰难的过程。但实现了这种有序的动力与制约机制，我们就不会犯万国证券的错误，不管总裁有多大个人威望，不对的事就会有牵制。

——1999 年　任正非在第二期品管圈活动汇报暨颁奖大会上的讲话《在实践中培养和选拔干部》

02 从我们自己队伍里培养我们的骨干

所以，我说我们现在还没有消化"空降部队"的能力。比如说，从哈佛大学来的几个博士，他们做的那套东西我们适应不了，结果我们既没有受到教育，他们也没有发挥作用。如果我们把他们用到负责岗位上，他们那个指挥系统就可能搞得一塌糊涂。但是，如果我们不用他们呢，像我们这样的"农民"，何时才能革命成功呀？所以公司就确定了一条方针：从我们自己的队伍里培养我们的骨干。就是依据公司一系列干部制度和政策，靠自己的努力来培养自己的跨世纪干部。

——1999年　任正非在第二期品管圈活动汇报暨颁奖大会上的讲话《在实践中培养和选拔干部》

03　推行英国的任职资格标准，引入美国薪酬体系

大家知道，我们现在推行英国的任职资格标准，但是英国的任职资格标准是一个僵化的体系。英国这个国家，法制管制和它的企业管理条例都是非常规范化的，在世界上应该是高水平的。……英国的任职资格体系虽然是个非常好的体系，但就是缺少生命活力。我们已经把美国HAY公司的薪酬体系控制制度引入了任职资格体系，希望各级干部按照这个标准去比照自己，到底适不适合。我们最近考评了很多五级干部，仅用三级的标准考评他们，他们就满头大汗，感到太难考了。那咋办？我说，给你三年时间，还是要达到五级，你自己去努力补这个课。三年以后有一大批达到标准，那我们就可以制度化。所以我们高级副总裁一级的任命，只有两年有效期。

——1999年　任正非在第二期品管圈活动汇报暨颁奖大会上的讲话《在实践中培养和选拔干部》

04　凡是没有基层管理经验的一律不能提拔为干部

我们还有个政策：凡是没有基层管理经验、没有当过工人的、没

有当过基层秘书和普通业务员的一律不能被提拔为干部，哪怕是博士也不能。你的学历再高，如果没有这些实践经历，公司就会对你横挑鼻子竖挑眼，你不可能蒙混过关。因此，"从实践中选拔干部"和"小改进、大奖励"是两个相吻合的政策。我很害怕我们这个公司上层中有的人头脑发热，最后导致这个公司生命的终结。

——1999 年　任正非在第二期品管圈活动汇报暨颁奖大会上的讲话《在实践中培养和选拔干部》

05　评级时候没有任何数据，评选靠领导印象，那是不公平的

现在我们讲任职资格考核要讲资历调查，我们的档案系统太落后了，如果不把你们这些好的东西记进去，将来评级的时候没有任何数据，评选靠领导印象，那是不公平的，你们亏了。当然，也不要计较这个小问题，磨难对你的人生是最好的老师。但组织的公平、公正，要靠记录你们成绩的方式不断来考核你们，给你们的评价要得到不断提升。因为我们对干部的关怀就是实事求是地评价干部，而不是靠感情，我跟谁好就给谁打分高一点。当我们这把任职资格的尺子不断落实下去时，将会有所改观。我想，有 3 年时间华为公司在人力管理上就会好多了，南郭先生吹号就不会太响了。

——1999 年　任正非在第二期品管圈活动汇报暨颁奖大会上的讲话《在实践中培养和选拔干部》

06　华为公司将来选拔干部要使用导师制

我曾经看到《华为人》报有一个关于品质的故事，讲一个汽车的

QCC（品管），以前是100%的合格，被免检验收，后来是100%的不合格，原因就是零件上有一个毛刺，（原来的工人）自己买一个锉刀，每次把毛刺锉掉，这个零件就很好了，产品就发走了，但他没有给别人交代，所以在他退休以后，这个零件就100%不合格了。我希望大家要把自己的经验告诉别人。为什么呢？我们已经确定了，华为公司将来选拔干部要使用导师制，就是你培养别人你就是他的导师，导师要优先得到使用。比如说，一个组长，大家考评他没有什么能力呀，但是你这个组怎么成绩这么大，做出很多成绩来呢？我认为那就是他最大的能力，他就是一个胶水、糨糊，他把所有有用的要素都黏合在一起了，形成了新的成就。其实，他就是领袖呀，他就是管理天才，领袖不就是干这个事吗？我们哪一个领袖可能是什么都会呢？他就是把人用对了，把组织流程搞清楚了，把运行机制搞明白了，所以他就取得了很好的成效。

——1999年 任正非在第二期品管圈活动汇报暨颁奖大会上的讲话《在实践中培养和选拔干部》

07 领导的才能是在实践中增长的

你们不要小瞧你们的圈长，当然，我也不是主张你们圈员去篡权，你们圈长就在锻炼组织能力，当你领导8个人的时候，为什么不可能领导80个人呢？当你领导80个人的时候，为什么不可能领导800个人呢？当你领导800个人的时候，为什么不可能领导8000个人呢？领导的才能是在实践中增长的。所以，我主张你们在实干中不断提升自己的实际能力、管理能力、对人的团结能力。但是团结要讲原则，要加强原则性的团结。

——1999年 任正非在第二期品管圈活动汇报暨颁奖大会上的讲话《在实践中培养和选拔干部》

08 公司要活下去，必须把那些不利于发展的作风彻底消灭

整改干部队伍的目的，是要公司活下去。要想活下去，只有让那些阻碍公司发展的人下去，或者说把那些不利于我们发展的作风彻底消灭，公司才能得以生存。这也是我们整改的宗旨。在整改中，有一些干部要下去，有一些干部要上来。下去的干部不能自暴自弃，也要努力干，而且下去了也不意味着就不能上来，可以上来，但首先要解决自身存在的问题。

——1999 年　任正非《能工巧匠是我们企业的宝贵财富》

09 让能工巧匠卷入管理

我们不仅在经济待遇上要提升能工巧匠的待遇，以逐步达到国际标准，也要在政治上肯定他们，提升他们的地位，培养他们的自豪感与自信心。通过 QCC（品管圈），他们也被卷入了管理，也培养了技能。对他们的成绩要给予肯定，他们发明的方法，也可以用他们的名字来命名。

——1999 年　任正非《能工巧匠是我们企业的宝贵财富》

10 公司运作已经开始与人的管理脱开了

万不可把一个人神化，否则就是扭曲华为的价值创造体系，公司就会垮掉。因为员工认为自己在创造价值，积极性就会很高；反之，如果员工认为只是某一个人在创造价值，积极性就会丧失。华为公司大力推行流程管理，通过机制管理，今后将是惯性运作。事实上，现

在公司的高层领导除重大决策之外已很少管理公司。实际上公司运作已经开始与人的管理脱开了，交接班在自然而然中进行，当然这需要一个较长的过程。

——1999 年　任正非答新员工问

11　秘书是通向经理的第一步台阶

秘书群体不仅是一个服务群体，同时也是公司责任主体的一部分。对于流程已经十分清晰的系统的例行管理，可以由秘书直接来完成；经理主要管理例外的系统，以及例行管理中一些界限很模糊的、判断不是比较清楚的、决策量比较大的系统。这就是现代管理中经理与秘书之间的关系。秘书是初级的管理人员，并完全有可能从初级管理走向高级管理，这主要在于秘书自身的修炼。什么都管的经理是一个效率不高的秘书，什么决策都不做的秘书很难晋升为经理。秘书是通向经理的第一步台阶。年纪越大，经验越丰富，处理例外问题越熟练，为什么反而被淘汰呢？不应该的。

——2000 年　任正非与 2000-22 期学员交流纪要《沟通从心灵开始》

12　公司管理缺少水平，才会夫妻必须走一个

问：听说如果夫妻双方都在华为，必须走一个，请问如何理解？

任总：规定中没有说两个人必须走一人，夫妻双方同在华为工作，只能拿股票评得低的那一个。绝大多数员工知道股票拿低的一方太亏了，才决定走，并不是因为我们规定必须走一个，我们从来不逼他走。公司管理缺少水平，才使用这种等价键的笨的管理办法。随着公司壮

大，管理不等价键的能力增加，会有许多变化的。你看一些基层员工，并没有影响他们什么，因为他们配股的高低差不多，就哪一个也无妨。这个政策对你来说是自愿选择，我们对基层员工不会苛刻，对有管理权力的高级员工会有严格的要求。

——2000 年　任正非与 2000-22 期学员交流纪要《沟通从心灵开始》

13 不学技术的员工要想在管理上走得远，只能离开华为

问：不学技术的员工希望在管理道路上走得很远，应如何选择？

任总：不学技术的员工要在管理上走得很远，只能离开华为。因为华为管理不可能离开华为的主线，管理必须与主流线相关。因此不懂技术就是要努力钻研，钻研程度可以不要很深，但是一定要懂。

——2000 年　任正非与 2000-22 期学员交流纪要《沟通从心灵开始》

14 秘书服务体系实现规范化信息传送，化解经理间的矛盾

企业在 IT 管理中，秘书群是最重要的服务平台，没有他们规范化的服务，企业就不可能高速运转。而规范化服务重要的就是减少因格式不同、理解不同所带来的不增值的劳动。

公司今后的管理很难再是人与人之间面对面的管理，而是通过电子邮件，通过各种管理的信息和命令、流程的执行，通过 IT 来实现。

这时，经理与秘书，除了密码的签字不同外，对方是不可能知道这个信息来自谁的授权，而只知道对这个命令应该给予反应，这个命令可能是由经理也可能是秘书来共同管理的。当我们能够规范化地发出命令时，我们实际上运行已经开始了。

以后面对面的工作越来越少，规范化的事件就越来越密集。所以秘书对公司非常重要，特别是用于沟通两个经理之间的往来。现在，你对一件事听不懂需要解释几遍，或者（两个人）还可以一起去吃大排挡，但将来就不行了，因为远隔重洋，你怎么去吃大排挡？他们之间信息交流的不格式化，就带来了工作效率的低下，而由于秘书的服务体系是十分规范的，经理主要进行重要的决策，因此当决策变成规范化的信息传送时，两个经理之间的矛盾也就自然化解了。

——2000 年　任正非在秘书资格颁证大会上的讲话

15　要减少在管理中不必要、不重要的环节

为什么我们要强调以流程型和时效型为主导的体系呢？现在流程上运作的干部，他们还习惯于事事都请示上级。这是错的，已经有规定或者成为惯例的东西，不必请示，应快速让它通过去。执行流程的人是对事情负责，这就是对事负责制。事事请示，就是对人负责制，它是收敛的。我们要简化不必要确认的东西，要减少在管理中不必要、不重要的环节，否则公司怎么能高效运行呢？

——2001 年　任正非在科以上干部大会上的讲话《华为的冬天》

16　办事处一定要给机关打分

市场部机关是无能的。每天的纸片如雪花一样飞啊，每天都向办

事处要报表，今天要这个报表，明天要那个报表，这是无能的机关干部。办事处每一个月把所有的数据填一张表，放到数据库里，机关要数据就到数据库里找。从明天开始，市场部把多余的干部组成一个数据库小组，所有数据只能向这个小组要，不能向办事处要，办事处一定要给机关打分，你们不要给他们打那么好的分，让他们吃一点亏，否则他们不会明白这个道理，就不会服务你们，使你们作战有力。庞大的机关一定要消肿。在这个变革过程中，会触及许多人的利益，也会碰到许多矛盾，领导干部要起模范作用。要有人敢于承担责任，不敢承担责任的人就不能当干部。当工程师也很光荣嘛。

——2001年 任正非在科以上干部大会上的讲话《华为的冬天》

17 如果一层一层都减少一批干部，成本下降很快

庙小一点，方丈减几个，和尚少一点，机关的改革就是这样。总的原则是我们一定要压缩机关，为什么？因为我们建设了IT。为什么要建设IT？道路设计要博士，炼钢制轨要硕士，铺路要本科生。但是道路修好了扳岔道就不要这么高的学历了，否则谁也坐不起这个火车。因此，当我们公司组织体系和流程体系建设起来的时候，就不要这么多的高级别干部，方丈就少了。建立流程的目的就是要提高单位生产效率，减掉一批干部。如果一层一层都减少一批干部，我们的成本就下降很快。规范化的格式与标准化的语言，使每一位管理者的管理范围与内容扩大。信息越来越发达，管理的层次就越来越少，维持这些层级管理的官员就会越来越少，成本就下降了。

要保证IT能实施，一定要有一个稳定的组织结构、稳定的流程。盲目创新只会破坏这种效率。

——2001年 任正非在科以上干部大会上的讲话《华为的冬天》

18 IT 就是裁员、裁员，再裁员

我在美国时，在和 IBM、CISCO、LUCENT 等几个大公司领导讨论问题时谈到，IT 是什么？他们说，IT 就是裁员、裁员，再裁员。以电子流来替代人工的操作，以降低运作成本、增强企业竞争力。我们也将面临这个问题。伴随着 IPD、ISC、财务四统一、支撑 IT 的网络等的逐步铺开和建立，中间层消失。我们预计大量裁掉干部的时间大约在 2003 年或 2004 年。今天要看到这个局面，我们现在正在扩张，还有许多新岗位，大家要赶快去占领这些新岗位，以免被裁掉。不管是对干部还是对普通员工，裁员都是不可避免的。

我们从来没有承诺过，像日本一样执行终身雇佣制。

——2001 年 任正非在科以上干部大会上的讲话《华为的冬天》

19 华为组织结构不均衡，是低效率的运作结构

华为组织结构不均衡，是低效率的运作结构。就像一个桶装水多少取决于短的一块木板一样，不均衡的地方就是流程的瓶颈。例如，我司初创时期处于饥寒交迫中，等米下锅。初期十分重视研发、营销，以快速适应市场的做法是正确的。活不下去，哪来的科学管理？但是，随着创业初期的过去，这种偏向并没有向科学合理转变，因为晋升到高层的干部多来自研发、营销的干部，他们在处理问题、价值评价时，有不自觉的习惯倾向，以使强的部门更强、弱的部门更弱，形成瓶颈。有时一些高层干部指责计划与预算不准确，成本核算与控制没有进入项目，会计账目的分产品、分层、分区域、分项目的核算做得不好，现金流还达不到先进水平……但如果我们的价值评价体系不能使公司的组织均衡的话，这些部门缺乏优秀干部，就更不能实现同步的进步。

它不进步,你自己进步,整个报表会好?天知道。这种偏废不改变,华为的进步就是空话。

——2001年 任正非《北国之春》

20 要迅速实现IT管理,障碍主要来自公司内部

华为是一群从青纱帐里出来的土八路,还习惯于埋个地雷、端个炮楼的工作方法,还不习惯于职业化、表格化、模板化、规范化的管理。重复劳动、重叠的管理还十分多,这就是效率不高的根源。我看过香港秘书的工作,有条有序的一会儿就把事做完了,而我们还要摸摸索索,做完了还不知合格否,又开一个小会审查,你看看这就是高成本。要迅速实现IT管理,我们的干部素质还必须极大地提高。

推行IT的障碍主要来自公司内部,来自高中级干部因电子流管理而权力丧失的失落。我们是否正确认识了公司的生死存亡与管理体系的进步有必然联系?这种进步就是快速、正确,端对端、点对点,去除了许多中间环节。面临大批的高中级干部随IT的推行而下岗,我们是否作好了准备?为了保住帽子与权杖,是否可以不推行电子商务?这里的关键是我们得说服竞争对手也不要上,人家都手工劳动?我看是做不到的。"沉舟侧畔千帆过",我们不前进必定死路一条。

——2001年 任正非《北国之春》

21 企业的生命不是企业家的生命

企业的生命不是企业家的生命。西方已实现了企业家的更替,不影响企业的发展。中国一旦企业家没有,随着他的生命结束,企业

生命也结束了。就是说中国企业的生命就是企业家的生命，企业家死亡以后，这个企业就不再存在，因为他是企业之魂。一个企业的魂如果是企业家，这个企业就是最悲惨、最没有希望、最不可靠的企业。

——2003 年 5 月 25 日　任正非在干部管理培训班上的讲话《在理性与平实中存活》

22　要防止公司出现分离

研发的评价体系要均衡，在研发体系不存在谁养谁的问题。今年，我们的智能网拿到国家进步奖一等奖，我们其他的项目如果拿去评奖也都能得奖。所以，可以以产品线实施管理，但是要防止公司出现分离。国内的一些友商为什么做不过我们？因为他们是按项目进行核算，部门之间互不往来，如果他们能够集中精力，在一两个产品上超过我们是可能的。

所以，产品线还是要考核和核算，但不要说哪个产品赚钱、哪个产品不赚钱，赚钱的就趾高气扬，不赚钱的就垂头丧气，这样，公司很快就崩溃了。就像 N 公司的例子，几年前我去 N 公司时，请了手机部经理、基站部经理和系统部经理来交流，手机部经理就趾高气扬的，基站部经理也神采奕奕的，系统部经理就垂头丧气的，就是因为他们实行产品线考核，结果他们的核心网和光网络就垮掉了。我们不能这样考核，今天是你贡献，明天是他贡献，大家都在贡献，我们要这样考核。

——2003 年　任正非在华为研委会会议、市场三季度例会上的讲话《发挥核心团队作用，不断提高人均效益》

23 降低了管理成本，也就是降低了运作成本

要达到质量好、服务好、运作成本低，优先满足客户需求的目标，就必须进行持续的管理变革。持续管理变革的目标就是实现高效的流程化运作，确保端到端的优质交付。只有持续管理变革，才能真正构筑端到端的流程，才能真正实现职业化、国际化，才能达到业界运作水平最佳，才能实现运作成本低。端到端流程是指从客户需求端出发，到满足客户需求端去，提供端到端服务。端到端的输入端是市场，输出端也是市场。这个端到端必须非常快捷、非常有效，中间没有水库、没有三峡，流程很顺畅。如果达到这么快速的服务，就降低了人工成本、降低了财务成本、降低了管理成本，也就是降低了运作成本。其实，端到端的改革就是进行内部最简单的、最科学的管理体系的改革，形成一支最精简的队伍。

——2004年 任正非在干部工作会议上的讲话《持续提高人均效益建设高绩效企业文化》

24 "谁主管，谁负责"

过去在我们管理上有个错误，代表处的代表就是抓销售额的，什么市场服务也不管，什么回款也不管。我们现在是"谁主管，谁负责"。你要对全部指标负责任，不去领导你的所有团队和要素，那你这个代表处就是落后的代表处，就不是好的代表处。货款回不来，我们首先不考核你，而是考核代表，代表就怕了，他就要管。所以只要贯彻了"谁主管，谁负责"这个制度，我相信各种要素的协同配合会逐步有所改善。

——2007年7月3日 任正非在委内瑞拉与员工座谈纪要《上甘岭在你心中，无论何时何地都可以产生英雄》

25 标准化、程序化、表格化，但不是僵化

这就是灵活机动的战略战术问题，你提供了一个样板、一个模板，并不是让你绝对教条地执行这个模板。你可以在这个模板上面做些有序的改动，总比你什么都从头想一遍好一些。什么叫作流程化？就是标准化、程序化、表格化，但不是僵化！你还要灵活机动才是。就是说不同的东西一定有共同的部分，共同的部分我就保留下来，不是共同的我就去修改，修改都是在一个模式上修改，既方便，又不会遗漏。要有坚定不移的管理原则与风格，但还需要灵活机动的战略战术。

——2007年7月3日　任正非在委内瑞拉与员工座谈纪要《上甘岭在你心中，无论何时何地都可以产生英雄》

26 正职敢于进攻，副职精细化管理

如何选好部门正职与副职，正、副职是否可以有不同的培养标准与选拔标准？我认为副职至少要精于管理，大大咧咧的人不适合做副职。副职一定通过精细化管理实施组织意图，这就是狈的行为。正职必须敢于进攻，文质彬彬、温良恭俭让、事无巨细、眉毛胡子一把抓，而且越抓越细的人是不适合做正职的。正职必须清晰地理解公司的战略方向，对工作有周密的策划，有决心、有意志、有毅力，富于自我牺牲精神，能带领团队不断实现新的突破，这就是狼的标准。我们在评价正职时，不一定要以战利品的多少来评价，应对其关键事件过程行为中体现出的领袖色彩给予关注。

——2007年7月13日　任正非在英国代表处的讲话纪要《敢于胜利，才能善于胜利》

27 中层不决策的情况还是很严重

在我们这个体制里面,中层不决策的情况还是很严重的。我们干部队伍里面中层干部不决策的情况是跟西线的苏联红军一样的。苏联红军就是很多中层不决策,一定要等到斯大林的命令,敌人打到眼皮底下,打不打还要等命令,所以说苏联红军的教条主义情况和我们这么多年的情况很相似。我们很严重的是中层不决策,中层也不承担责任,所以高级领导直接指挥到作战基层。高层领导听不到炮响,他的指挥会存在一定问题的。在重大战略问题上,这是一个很漫长的时期,高层的决策可能是对的,但在攻取一个山头的问题上,高层未必比听到炮响的领导更正确,所以我们要把这个指挥权下放给你们。

——2008年 任正非《看莫斯科保卫战有感》

28 计划体制是用来作战的,不是用来汇报的

所以我认为我们的计划体制是用来作战的,而不是用来向总部汇报的,一定要谨记。这一点一定要重视,如果不是这样的话,我们公司会逐渐萎缩的。西方公司一看财务质量不好马上就裁员,一裁财务质量就好了。爱立信没有前几年的裁员,我们是干不过它的。华为公司是非上市公司,有比较灵活的财务制度。我们讲过非上市公司必赢这场战争,因为上市公司是关注3~5个月的财务报表,不然出问题股价就会跌下去;我们是关注3~5年后的财务质量,最终当然是我们厉害。这次计划权下放给地区部,担任主攻的部门一定要有清晰的目标方向,一定要有成功的策略,而且要敢于奋斗,对增长目标达不到公司平均线的部门要加强精细化管理。

——2008年 任正非《看莫斯科保卫战有感》

29　权力下放给地区

销售额暴涨了，你的预算自然就暴涨。如果说你的销售额上不去，你把预算花完了，那说明你无能。但是你不花钱，也不能造成市场的前进。怎么审时度势呢？这就是为什么要选拔合格的经营管理者。管理者就是要根据业务现实来灵活掌控，如果僵化地用计划、预算是不可能管理好的。现在我们要把这些权力都放给地区部，全球一刀切，那么这个吃水线是不科学、不合理的。

——2008年7月21日　任正非在地区部向EMT进行2008年年中述职会议上的讲话

30　把决策权根据授权规则授给一线团队，后方起保障作用

当然，因内控需要而设置合理的流程控制点是必须做的。去年公司提出将指挥所（执行及部分决策）放到听得到炮响的地方去，已经有了变化，计划预算开始以地区部、产品线为基础，已经迈出可喜的一步，但还不够。北非地区部给我们提供了一条思路，就是把决策权根据授权规则授给一线团队，后方起保障作用。这样我们的流程优化方法就和过去不同了，流程梳理和优化要倒过来做，就是以需求确定目的，以目的驱使保证，一切为前线着想，就会共同努力地控制有效流程点的设置，从而精简不必要的流程，精简不必要的人员，提高运行效率，为生存下去打好基础。

——2009年1月16日　任正非在销服体系奋斗颁奖大会上的讲话《谁来呼唤炮火，如何及时提供炮火支援》

31 机关不代表总部，更不代表公司，机关是后方

我们进一步的改革，就是前端组织的技能要变成全能的，但并非意味着组织要去设各种功能的部门。基层作战单元在授权范围内，有权力直接呼唤炮火（指在项目管理上，依据IBM的顾问提供的条款、签约、价格三个授权文件，以毛利及现金流进行授权，在授权范围内直接指挥炮火，超越授权要按程序审批），当然炮火也是有成本的，谁呼唤了炮火，谁就要承担呼唤的责任和炮火的成本。后方变成系统支持力量，必须及时、有效地提供支持与服务，以及分析监控。公司机关不要轻言总部，机关不代表总部，更不代表公司，机关是后方，必须对前方支持与服务，不能颐指气使。

——2009年1月16日　任正非在销服体系奋斗颁奖大会上的讲话《谁来呼唤炮火，如何及时提供炮火支援》

32 一线的作战，要从客户经理的单兵作战转变为小团队作战

一线的作战，要从客户经理的单兵作战转变为小团队作战，而且客户经理要加强营销四要素（客户关系、解决方案、融资和回款条件，以及交付）的综合能力，要提高做生意的能力；解决方案专家要一专多能，对自己不熟悉的专业领域要打通求助的渠道；交付专家要具备与客户沟通清楚工程与服务的解决方案的能力，同时对后台的可承诺能力和交付流程的各个环节了如指掌。其他非主业务的人员，要加强对主业务的了解，了解达不到一定深度的，不能成为管理干部及骨干，没有这种经历的，要去补好这一课。

——2009年1月16日　任正非在销服体系奋斗颁奖大会上的讲话《谁来呼唤炮火，如何及时提供炮火支援》

33 前方作战部队大量时间浪费在与后方平台往返沟通协调上

我们现在的情况是，前方的作战部队，只有不到 1/3 的时间是用在找目标、找机会以及将机会转化为结果上，而大量的时间是用在频繁地与后方平台往返沟通协调上。而且，后方应解决的问题让前方来协调，拖了作战部队的后腿，好钢没有用在刀刃上。后方协调困难有流程问题、有组织机构的设置问题、有思想意识问题，也有相互信任的问题，还有非主业干部对主业不理解的问题……我们要找到一把提高作战部队效率的钥匙，找到一把后方平台高效服务前方的钥匙。应该说，如何提高作战部队效率的钥匙已经找到，如何打开大门仍然困难重重。IBM 顾问提供给我们的关于项目管理的三个授权文件，已经帮助我们解开这一团乱麻，并可能帮助我们打开大门。我们应准确理解并严格执行。各级干部要敢于承担自己的岗位责任，履行授权，这样就会使我们的管理摆脱僵化的中央集权。当然，这些授权文件，随着公司的变革还会不断修改，以适应新的需求。而且这些授权仅是定性的，具体执行要有不同地方、不同时间、不同事件的授权。

——2009 年 1 月 16 日 任正非在销服体系奋斗颁奖大会上的讲话《谁来呼唤炮火，如何及时提供炮火支援》

34 片区联席会议要高站位

片区联席会议要站在全球市场的高度来看待战略，要具有一个跨国公司正确的心态；合纵连横的目标不是称霸，而是合理、均衡。"攻无不克、战无不胜"，那是基层的目标行为。在需要胜利时，要胜利；

在不需要胜利时，要敢于战略放弃，这是联席会议的最高决策。片区联席会议直接代表了公司进行干部选拔、组织建设、决策与执行。我们已缩小了一层组织指挥系统，应该可以提升今年的效率。联席会议穿透了全球各地区部，有利于资源的合理配置，有利于推动市场的全面发展。

——2010年1月20日　任正非在2010年年度市场工作会议上的讲话《"以客户为中心，以奋斗者为本，长期坚持艰苦奋斗"是我们胜利之本》

35　增加专家，减少行政干部

地区部除了决策层作为行政指挥中心存在外，大量的队伍要作为资源存在。地区部要减少行政干部的配置，增加业务专家的数量。减少行政干部，就是减少不必要的协调，减少对基层作战不必要的干预。业务专家要常年通过竞赛产生，给年轻的有干劲、有才能的干部一个成长的机会。但他们必须得到实践的肯定后，才能调整级别。我是反对以考试定终身的。华为的文化是一个赛马文化，在地区部专业业务骨干的选拔上，给"小马"一些机会。当然包括代表处的存量维护的专家队伍，也可以通过赛马来产生。

——2010年1月20日　任正非在2010年年度市场工作会议上的讲话《"以客户为中心，以奋斗者为本，长期坚持艰苦奋斗"是我们胜利之本》

36　不要让前方不停打电话

今年我们将对产品与解决方案体系及后方机构进行改革，以适应让听得见炮声的人来呼唤炮火管理模式的转变。要以满足客户需求为中心，为他们提供解决方案。我提议，在面向客户的合同获取与合同履行环节，以解决方案为参战部队、以产品线为支持部队。解决方案像一朵大云，云下面有若干小云，还有七彩云、各种需求的云……产品线作为支持部队，应是最精良的部队，不一定什么都做，但要做就要做到最好。

我们要逐步使后方的支持服务联勤化，不要让前方不停打电话，分别协调后方各种资源。而是前方只管往前冲，后方依据前方的指令，联合所有业务，联勤服务。

——2010 年 1 月 20 日　任正非在 2010 年年度市场工作会议上的讲话《"以客户为中心，以奋斗者为本，长期坚持艰苦奋斗"是我们胜利之本》

37　不干活的拿得并不少，拼命冲的人拿得并不多

采取什么样的战略需要你们自己想明白，到底是你们先把规模搞得大一点，还是先把利润搞多一点，这个不要我来给你们判断，否则你们 CEO 不应该拿这么多钱。你们现在提升自己的竞争能力是最重要的。我刚刚说了四点，从固定终端、移动宽带到手机，到垂直整合，哪一点合适，你们考虑去定。只要有竞争力，就是重大项目。你会不会输给别人都不知道，怎么能说重大项目成不成功呢？什么叫冲不上去？我认为还是激励机制有问题。不干活的拿得并不少，拼命冲的人拿得并不多，没有一个合理的激励机制。

——2010 年 12 月 3 日　任正非与终端骨干员工座谈纪要《做事要霸气，做人要谦卑，要按消费品的规律，敢于追求最大的增长和胜利》

38 统一的大平台，四个营运中心

将来我们是一个统一的大平台，这个大平台会有四个营运中心。一个营运中心就是运营商管道平台，我们要求管道增长从2%提高到10%，现在他们的增长率虽是2%，但利润也不少。还有一个消费品，今年增长率预计是22%，中兴增长35%左右，我们比中兴低13%，明显处于弱势，而不是强势，这是一个营运平台。还有企业业务，我们发布云计算，也是企业业务的一部分。四个赢利运营中心分离，公用平台都要支持。代表处和地区部可能都不是作战部队，作战部队是以系统部为中心，以面向客户的运营中心为中心，因此你们也可以组织作战部队，增强竞争力，平台以后对你们的支持也会更强。但是改革的完成需要一两年，不会那么简单快捷，以后局面会有些改变。

——2010年12月3日 任正非与终端骨干员工座谈纪要《做事要霸气，做人要谦卑，要按消费品的规律，敢于追求最大的增长和胜利》

39 公共关系部从市场脱离出去

公共关系部从市场脱离出去了，以前公共关系部是以项目为中心的公共关系部，现在他们着重在搞商业的生态环境，创造一个更好的发展平台和发展机会。比如说在欧美日韩这些国家，我们可以不可以搞"化妆舞会"，不直接以华为来销售，而采取在当地以合作的方式出现，这样的话能否避免极端保护主义？这些都是我们在公关关系上、在商业生态环境上开始的一种适应性的变化。我们的这种变化已经取得一定的进步。

——2011年1月17日 任正非在公司市场大会上的讲话《成功不是未来前进的可靠向导》

40 片联的人都是老资格

片联的人都是老资格,绝大多数做过地区部总裁。什么叫老资格?就是有威望。相信现在二十几岁的小毛孩,有比我们这些老头聪明的,我们为什么不选最聪明的小毛孩到片联来当头呢?他当不了。技术没生命,你聪明就能玩;但是人这个东西,你聪明也玩不起来,还得要有资历、有经验。片联是华为公司很重要的一个组织,这个组织就是要推动干部的循环流动。

——2013年5月17日 任正非在片联开工会上的讲话《要敢于超越美国公司,最多就是输》

41 小单位里面也能装下大专家

实行代码开源、平台开放以后,将会减少重复开发,研发机构也会越来越小。我们现在已经不是靠管多少人、多少规模、多少层级来定自己位置的时代了。之前管几十个人才能当"排长",现在管三个人就是"组长"了,这个组长也许是"少将"。我们的组织在逐渐缩小,将来都是"官"怎么办?所以就要换一种方法,作战时他还来承担"军队"里面的一些职务。不能说在一个小单位里面,就不能囤一个大专家,我们一定要在机制上能装得下,这样大家才有信心。

——2015年1月9日 任正非在运营商BG营销装备建设思路汇报会上的讲话《打造运营商BG"三朵云",将一线武装到牙齿》

42 避免AT权力过于垄断,赋予专委会一定的人事权

公司实现多元化管理,避免AT权力过于垄断,赋予专委会一定

的人事权，与 AT 分好工，给予专家合理评价和有效激励。

公司要避免 AT 团队垄断权力，造成评价的单一性，以及价值观的扭曲。要赋予专委会一定的人事权力，管理多元化。专委会负责评定专家的专业能力，AT 负责评定人员的责任贡献。专委会要切实发挥作用，负责人员的能力管理，但不一定要对人和作战项目进行调度。

——2020 年 7 月 15 日　任正非在专委会建设思路汇报、研发专家代表及专委会代表座谈会上的讲话

43　战时状态办公室再无将军，将军应该在作战队列中

CNBG（运营商业务群）已进入战时状态，战时状态最重要的标志就是办公室再无将军，将军应该在作战队列中、在战区支援队列中，改革不合理的干部分布状态是我们赢得胜利的关键，改革当前已开始不适应业务发展的层级管理关系是我们赢得胜利的抓手。

——2019 年 2 月 12 日　任正非在运营商 BG 组织变革方向汇报会上的讲话《对准联接领域绝对领先，不断激活组织，改变作战方式，提升作战能力和效率》

44　一定要给前线作战部队交战的权力

代表处是作战中心，要让听得见炮声的人有权力，一定要给前线作战部队交战的权力。有条件的代表处系统部是"弹头"，BG 业务也可以直插基层，进行支援。代表处有客户选择权、产品选择权和合同选择权，要把一些成熟产品的经营管理权直接下放到代表

处作战中心去,他直接决策,自己掌握分寸,亏了赚了都是他的责任。

——2019年2月12日 任正非在运营商BG组织变革方向汇报会上的讲话《对准联接领域绝对领先,不断激活组织,改变作战方式,提升作战能力和效率》

45 防止"一线吃紧、后方紧吃"

当然,我们也要改革当前"一线吃紧、后方紧吃"的费用预算与人力预算机制,逐步让作战部队在边界约束下,拥有更多的资源来承载经营责任和功能建设。

——2019年2月12日 任正非在运营商BG组织变革方向汇报会上的讲话《对准联接领域绝对领先,不断激活组织,改变作战方式,提升作战能力和效率》

46 要打乱原来的官僚体系

BG机关和地区部BG建设资源和能力中心就是各个野战军团,担负起穿插作用,使代表处的堡垒政策变得灵活机动。代表处要军团支援作战是要出钱的。卖不出钱的原因就是能力不行,面临裁员、降级降薪。允许一线跨区域使用资源和能力,这样就打乱了原来的官僚体系。

——2019年2月12日 任正非在运营商BG组织变革方向汇报会上的讲话《对准联接领域绝对领先,不断激活组织,改变作战方式,提升作战能力和效率》

47 机关要看战略方向

机关要建一个机动的小的高级战略务虚机构，看战略方向，对准的是中、长期目标。它不是决策团，可以"三三制"，有老、中、青三结合，大量是青年军官，军阶低。战斗决策还是一线的少将来做，他们对准的是中、短期战略目标。

——2019 年 2 月 12 日 任正非在运营商 BG 组织变革方向汇报会上的讲话《对准联接领域绝对领先，不断激活组织，改变作战方式，提升作战能力和效率》

48 在大开放的、大循环的过程中全面成长

参谋团可以构建谷歌军团，战时根据需要可以飞过去一批人，就像美军的军事顾问一样，帮助一线打仗和决策。参谋团里有排长、连长、军长、集团军司令和大军区司令，在一个盘子里面作战，这样就有一个灵活、机动和可调动的力量。将来从前线调少将排长到参谋团临时工作，不降职级和薪酬，比如半年左右，但是还得重返前线。如果说不准备重返前线，那就重新定级后转职员、转专家。在前线是少将排长，回到机关就是中尉、是职员。通过这样的方式，让前线的能力不至于在封闭的情况下自我成长，而是在大开放的、大循环的过程中全面成长。

——2019 年 2 月 12 日 任正非在运营商 BG 组织变革方向汇报会上的讲话《对准联接领域绝对领先，不断激活组织，改变作战方式，提升作战能力和效率》

49 责权对等，实战中练兵选将

要明确从实战中练兵选将，在识别南郭先生和铲除平庸的同时，要提拔李云龙式的干部。李云龙式的干部是实战出来的，不是考试、述职评出来的。我们要的是粮食，不是电影里面的军服帅哥。军服帅哥不能打仗有啥用。

——2019年2月12日 任正非在运营商BG组织变革方向汇报会上的讲话《对准联接领域绝对领先，不断激活组织，改变作战方式，提升作战能力和效率》

50 非作战人员过多了，要解决这个问题

我们过去是多中心，每个权力层层级级都要分权，这个分权就分得过多了。现有非生产人员的比重太重了，每个人都来指挥，每个人工作都很积极，积极就要你汇报，给一线增加了不少工作。我们要减少不必要的管理干部、减少不必要的会议、减少不必要的管理层，精简非作战组织和人员，把精力聚焦在作战上去。我们现在非作战机构集中的高级干部太多了，非作战人员过多了，要解决这个问题。

——2019年2月12日 任正非在运营商BG组织变革方向汇报会上的讲话《对准联接领域绝对领先，不断激活组织，改变作战方式，提升作战能力和效率》

51 王在法下，王在议会

今后，公司继续坚持贯彻立法权大于行政权的运行机制。最高权力要放在集体领导、规则遵循、行为约束的笼子里。参照了英国的

"王在法下，王在议会"中的成功经验，当值期间的轮值董事长受常董会集体领导的辅佐与制约；常董会的决策需经董事会的授权、制衡与表决；董事会的决策需按董事会议事规则表决确定。轮值董事长、常务董事会及董事会的行权都要受持股员工代表会批准的规则约束，他们的履职行为也要受到监事会的监督。此权力循环约束机制体现了集体领导的运作精髓，有利于公司长期稳健发展。

——2019年3月30日 任正非在第四届持股员工代表会上的讲话

52 公司的命运不能系于个人

治理章程是公司集体领导与制度化接班思想的具体体现。公司的命运不能系于个人。集体领导是公司过去30年在不断的失败中，从胜利走向胜利的坚强保障；面向未来不确定的生存与发展环境，我们唯有坚持集体领导，才能发挥集体智慧，不断战胜困难，取得持续的胜利。集体领导机制的生命力与延续性，是通过有序的交接班机制来保障的。制度化交接班才能确保公司"以客户为中心、为客户创造价值"的共同价值观得到切实的守护与长久的传承。

——2019年3月30日 任正非在第四届持股员工代表会上的讲话

53 避免权力过于集中，因不受约束而被滥用

治理章程确定了公司未来治理体系的顶层架构。治理章程实现了顶层架构的分权、共进、制衡。各治理机构权责聚焦明确，但又分权制衡，避免权力过于集中，因不受约束而被滥用。核心精英群体维护公司长远利益，掌握治理领袖的选拔；董事会"任人为贤"，带领公司前进；监事会"任人为忠"，对董事和高管的忠实勤勉履责予以监督。

权力在闭合中循环，在循环中科学更替。（董事与监事都必须既有治理才能，又忠诚于治理章程。这里的"贤"与"忠"并非对立概念，只是生动地表达了公司对董事与监事的要求及履责侧重。）

——2019年3月30日　任正非在第四届持股员工代表会上的讲话

54　统治体系内是分权制衡的关系

治理章程是公司未来管理最基础的内部契约。公司未来的大发展，需要更合适的公司管理架构来支持，既要发挥大平台的优势，又要让不同的业务发展充满活力。只有夯实了集团统治，才能更好地放开各业务的分治发展。统治体系内是分权制衡，统治与分治体系间是授权与监督的关系。治理章程中有关权力分配的原则构建了公司统治体系建立的基石。

——2019年3月30日　任正非在第四届持股员工代表会上的讲话

55　碎片业务私有化经营，有利于管理简化

慧通公司尽可能使碎片业务私有化经营，有利于管理简化，而且可以提供差异化的优质服务。不要因私有化刚迈出步有什么问题而退缩，要坚决走下去。逐步私有化，你开放，管理也会越来越有经验的，园区就会越来越繁荣。大家都赚钱，劲头会越来越大。只有条件不具备的少量业务可以自营，自营店也要实行市场化考核，不要变成"国营"企业，要形成竞争机制。员工服务部不是国际会议中心，而是要讲成本核算的。自营的门店要全成本经营，地租、水电、薪酬、股票分红……都要反映到虚拟报表上，进行财务监督管理，以此不断改进。

——2019年4月18日　任正非关于慧通的讲话纪要

56 作战弹头部的职级"提高吸引力"

要提升一线作战承重与贡献岗位的职级，适当降低机关职能的岗位职级。过去组织体系和岗位称重是基于中央集权和中央管控，总体上是金字塔形的职级结构。在战时状态公司导向的"村自为战"业务模式下，"村自为战"意味着代表处、区域承担更大的责任和压力，资源的分配也从过去自上而下的配置逐步转变为自下而上的市场化买卖和拉通，代表处与区域的管理影响度也在增加。为此，对他们岗位的定位和称重，尤其是贡献承重岗位且已经打出优良结果的，都应该逐步抬起来，相应机关的逐步降下去，这样让职级高的在一线，将作战弹头部的职级"提高吸引力"，机关职能支持岗位"降低吸引力"，让干部专家都愿意到一线工作。各部门都要识别机关与一线，在资源有限和职级总量约束的情况下，重新去看激励资源的分布和职级结构的合理性。

——2019 年 6 月 18 日　任正非在干部管理工作汇报会议上的讲话

57 改革的目的是简化作战管理、简化层次

我们改革的目的是简化作战管理、简化层次，"权要听得见炮声，钱要体现公司意志"。我们既要把权力给到最前方，让他们在一定范围内有战斗权力、战役权力、战略的准备权力，也要承担责任，也要有平衡，这样才有利于作战。将来我们是多 BG（事业部）制，多 BG 在区域里汇聚的作用是增强，而不是削弱。在地区部要有各 BG 的协调、考核。

——2019 年 7 月 19 日—20 日　任正非在运营商 BG 组织变革研讨会上的讲话

58 避免公司硬消耗

我们认为，政治环境、市场环境稳定的代表处，可以加强本地化步伐。在确定性工作中要多用本地员工，中方员工可以往地区部的战略机动部队集中。因为用一个本地员工就节约了一部分财务费用，节约出来的钱就是新粮食包，可以用于分配，这样代表处就会想办法科学用人。

对于市场环境、条件不好的代表处，比如不能及时回款、币种汇困或者处在极端政治环境下，在合法合规的前提下，应该多用中方员工，少用本地员工。一旦我们在这些国家市场需要临时关闭时，留下少量本地维护人员，其他人就可以及时撤回，避免公司在那里硬消耗。

——2019年7月19日—20日　任正非在运营商BG组织变革研讨会上的讲话

59 允许代表处拥精兵

地区部做好战区主建。这与美军的军改一样，美军五大军种是主建组织，但无权调兵；有九个作战中心，没有兵，但它有权指挥作战。当然，我们不存在政权问题，允许代表处拥兵，但是代表处要做强战斗部，拥的是精兵。代表处不能按业务峰值配齐资源，其他由资源中心和能力中心来承担责任，削峰填谷。

——2019年7月19日—20日　任正非在运营商BG组织变革研讨会上的讲话

60 全球化也要统一指挥

地区部担负错综复杂的协调和服务的责任，有汇总权力，每个BG不能绕开地区部各行其是。我们可以学习美军，在地区部成立联合作战中心协调各BG。除了当前改革的CNBG（运营商业务部），将来EBG（企业业务部）、CBG（消费者业务部）也要纳入进来。垂直到中央的作战能力，如果在地区不能统一协调，全球化就不能统一指挥，那公司就会分裂产生"诸侯"。

——2019年7月19日—20日　任正非在运营商BG组织变革研讨会上的讲话

61　地区部总裁是管"总发财"，不是总决策

我认为，地区部总裁是管"总发财"，不是总决策。各个岗位的责任分工不同，军事家不一定都会打枪。地区部总裁要转换角色，明确自己的岗位职责，不要总想去管下面的具体项目，不是只有冲锋到第一线开两枪才是贡献。什么叫主建？队伍组建好了才能作战，你们做好了服务和能力，都是贡献。

——2019年7月19日—20日　任正非在运营商BG组织变革研讨会上的讲话

62　集体立功，集体受奖，少数人破格

我在干部管理工作汇报会上讲过一句话"集体立功，集体受奖，少数人破格"。对于连续性作战，我也提到立功奖励分三种形式：破格、顺格、拿奖金。比如，高级领导参与作战可以升一级；中间级的这一批作战干将可以破格，破两格、破三格，你们去协商；有些我们不能直接去干预职级的人员，先给奖金，然后他参与所在组织的顺级评定。

——2019年7月19日—20日　任正非在运营商BG组织变革研讨会上的讲话

63 主战部队晋升快、拿钱多

主战部队晋升快、拿钱多,但他冒的险也大,如果做不好项目,不仅没有奖金,弟兄们还会推翻他。军队为什么主战升职快,是因为牺牲多、空缺多。所以,我们要有正确的价值评价体系,让作战部队有一种光荣感、自豪感。以前干部评价体系总是横向一看"谈吐尚可、行为较佳",然后拍拍脑袋就升官了,这是一种不公平的晋升机制。现在为什么年轻人踊跃上战场?因为只有上战场才能建功立业,才能有机会在二三十岁当上"将军"。当然,支援保障队伍中也有升官的,做得非常好。

——2019年7月19日—20日 任正非在运营商BG组织变革研讨会上的讲话

64 代表处不能把战略项目的权重搞得过高

代表处的主要责任是"把地种好",大代系统部作为一个作战部,还是聚焦在"多打粮食"上。机关BG、地区部和代表处要承担更多的战略责任,不要让系统部去承担过多的责任。代表处不能把战略项目的权重搞得过高,过高以后,代表处就会有更多的人去做战略,土地可能就没耕好,粮食反而少了,兄弟们就会跳槽到别的代表处去,人心就不稳了。

——2019年10月21日 任正非在合同在代表处审结研讨会上的讲话

65 要根据这个国家干部配置等具体情况来确定指挥人员

机关 BG 的主要责任是战略任务、技术和商业模式的传递。地区部是公司的独立派驻机构，不仅要抓资源和能力中心建设，也要抓区域战略。机关 BG 和地区部要敢于在战略方向上穿插作战。

成熟业务作战指挥权在代表处和系统部。非成熟业务的战场选择权，不能只给代表处，否则打不下来就丢失了战略机会；也不能只有 BG，否则就架空了代表处。具体问题具体分析，要根据这个国家干部配置等具体情况来确定指挥人员。

——2019 年 10 月 21 日　任正非在合同在代表处审结研讨会上的讲话

66 作战部队永远是一个很精干的队伍

机关 BG 和地区部共建面向代表处的资源中心和能力中心，支撑代表处作战。作战部队永远是一个很精干的队伍，但是真正打仗的时候，资源中心和能力中心要能够补充上来。资源中心要坚持市场化机制，机关 BG 和地区部都可以建资源中心，遵循市场机制运作，代表处自由选择，按照工时或者服务工单结算。资源中心不一定每个地区部都要自建，机关 BG 可以统一规划，也可以根据区域意愿把区域资源中心纳入全球共享中心统一建设和运营。

——2019 年 10 月 21 日　任正非在合同在代表处审结研讨会上的讲话

67 谁冲上去，就要认同谁

红军评委会应该采用任期制，评委改组时，1/3、1/3 地更替。保留的 2/3 人员起传帮带作用，新 1/3 是新鲜血液。蓝军和红军是可以置换的，我曾多次讲，在蓝军毕业了才能做红军司令。谁冲上去，就要认同谁，这才叫"结果导向"。

——2019 年 10 月 21 日 任正非在合同在代表处审结研讨会上的讲话

学习华为系列课程

让华为精神为企事业单位赋能，打造卓越团队

走进华为亲身体验、置身华为实地考察、权威专家深入剖析、学习华为管理真经

- **课程内容**

深度了解华为发展历程：30多年来，华为经历了多个阶段，面临了不同的挑战，逐步经历从小到大、从本土到国际化，从不规范到规范、从规范到科学的过程。

实地参观华为现场：参观华为松山湖基地，了解华为工作环境，体验华为工作餐，全方位深刻认识这家世界500强企业。

洞悉任正非商业哲学：任正非并非神，而是从一个普通人成长起来的，他卓越的管理思想是如何形成的，到底如何引导华为稳健成长？

- **授课形式**

通过线上线下的系列课程、走访华为等优秀企业，深入到企业辅导，引进华为前高管改组、提升原有团队等方式，提供切实可行的服务，让企业在观念上改变，在组织上改进，在执行上落地，在绩效上出彩，进而从优秀走向卓越，成为行业冠军。

- **课程特点**

精于实操：采用行动学习、场景化学习、启发式互动教学，突出实用技巧和方法，案例分析，分组讨论与练习，有针对性的实战训练。

激发学习主动性：结合受训企业实际实施教学，达到预期培训效果。

寓教于乐：授课幽默风趣，逻辑严谨，内容丰富，深入浅出，立足实战，深受学员欢迎。

- **学习对象**

企业创始人、企业高级经营决策者、华为研究爱好者等

- **行程安排**

时间	内容	备注
8:10-10:30	驱车前往华为松山湖基地	车上交流、巴士课堂
11:00-11:30	乘坐电瓶车参观华为东莞松山湖欧洲小镇	华为专业接待人员
11:30-11:50	乘坐园区小火车，体验华为人上班路	华为专业接待人员
12:00-14:00	华为内部餐厅用餐，体验华为人的生活	
14:00-16:00	华为课程，深入了解华为文化与任正非的商业哲学	华为前高管、华为研究专家

注：因华为接待工作繁重，以上行程可能因华为接待原因调整。

立即添加以下任意一个微信为好友进群，抽取免费参访华为名额：

24小时服务热线（微信）：15013869070 18122490069

图书策划出版服务

2003年，我们策划出版了第一本有关华为的图书《华为真相》，该书成为2004年度的畅销书，热销100万册。

此后，我们先后策划出版了《华为经营管理慧》《任正非谈国际化经营》《任正非管理日志》《只有一个华为》《华为三十年》等26种华为题材的书。今后，我们每年都会出版几种华为题材的图书。

我们受百度公司邀请，创作记录百度成长历程的图书，出版了《李彦宏的百度世界》《李彦宏管理日志》等。2022年，我们还受有中国广告第一股之称的广东省广告公司（省广股份）的邀请，创作出版了《共生飘红》。

我们有专业的内容策划、写作、出版、发行、推广团队，提供从图书策划、采访、写作、编辑、排版、设计、出版、发行、推广一条龙服务。我们已经服务近百家著名企业，得到客户的广泛好评，期待为您服务。

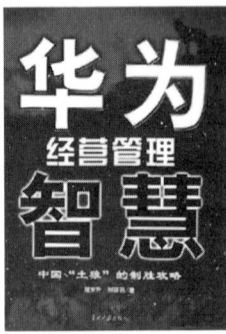

立即预约：

24小时服务热线（微信）：15013869070　18122490069